EDGARDO FERNANDEZ CLIMENT

ISO/IEC 27001:2022 Paso a Paso

Implementación, Auditoría y Mejora Continua

First edition

This book was professionally typeset on Reedsy.
Find out more at reedsy.com

Para Graciela, mi fuente de inspiración.
Con todo mi amor.
Edgardo

Contents

Prefacio

En un mundo cada vez más digital e interconectado, la seguridad de la información se ha convertido en un activo fundamental para las organizaciones de todos los tamaños e industrias. Proteger la confidencialidad, integridad y disponibilidad de la información es crucial para mantener la competitividad, minimizar riesgos y garantizar la confianza de clientes, socios y colaboradores.

En este contexto, la norma ISO/IEC 27001:2022 emerge como un marco de referencia fundamental para la gestión de la seguridad de la información. Esta norma internacional, actualizada en 2022, proporciona una guía completa y flexible para implementar un Sistema de Gestión de Seguridad de la Información (SGSI) eficaz y adaptable a las necesidades específicas de cada organización.

ISO/IEC 27001:2022 Paso a Paso: Implementación, Auditoría y Mejora Continua tiene como objetivo ser una herramienta práctica y accesible para aquellos que buscan adentrarse en el mundo de la gestión de la seguridad de la información bajo la norma ISO/IEC 27001:2022. A través de un lenguaje claro y ejemplos concretos, este libro te acompañará en cada etapa del proceso, desde la comprensión de los fundamentos de la norma hasta la implementación, auditoría y mejora continua del SGSI.

A lo largo de sus páginas, encontrarás:

- **Una introducción completa a la seguridad de la información:** conceptos básicos, terminología, importancia y beneficios de su gestión.
- **Un análisis profundo de la norma ISO/IEC 27001:2022:** estructura, requisitos, beneficios y casos de éxito de empresas que la han implementado.
- **Guía paso a paso para la implementación del SGSI:** evaluación de riesgos, selección de controles, formación y concienciación, gestión de cambios y mucho más.
- **Orientación para la operación y monitoreo del SGSI:** medición del desempeño, auditorías internas, revisión por la dirección y gestión de incidentes.
- **Estrategias para la mejora continua y la adaptación al cambio:** identificación de oportunidades de mejora, gestión de cambios tecnológicos y nuevos desafíos.
- **Preparación para la certificación ISO/IEC 27001:2022:** proceso de certificación, documentación requerida, consejos para superar la auditoría y obtener la certificación.
- **Casos de estudio y lecciones aprendidas:** experiencias de empresas en diferentes sectores, desafíos comunes y soluciones prácticas.

Este libro está dirigido a:

- **Profesionales de la seguridad de la información** que buscan implementar o mejorar el SGSI de su organización.
- **Consultores y auditores** que necesitan una comprensión profunda del estándar para brindar servicios a sus clientes.
- **Estudiantes y profesionales** que desean adquirir conocimientos sobre la gestión de la seguridad de la información.

Independientemente de tu experiencia o rol dentro de la organización, este libro te proporcionará las herramientas y el conocimiento necesarios para navegar con éxito el camino hacia la implementación y mejora continua de un SGSI basado en la norma ISO/IEC 27001:2022.

Te invitamos a embarcarte en este viaje hacia la seguridad y la confianza en la gestión de la información de tu organización.

Capítulo 1: Introducción a la Seguridad de la Información

Introducción

En un mundo digital donde la información es poder, la **seguridad de la información** se ha convertido en una responsabilidad crucial para las organizaciones de todos los tamaños e industrias. Proteger los datos confidenciales, garantizar la integridad de los sistemas y mantener la disponibilidad de la información son aspectos esenciales para el éxito y la supervivencia en el mercado actual.

Este capítulo te sumergirá en el fascinante mundo de la seguridad de la información, brindándote una comprensión profunda de los conceptos fundamentales, la evolución de las normas y los beneficios tangibles de implementar un Sistema de Gestión de Seguridad de la Información (SGSI) basado en la norma ISO/IEC 27001:2022.

Acompáñame en este viaje y descubre:

· **Los pilares de la seguridad de la información:** definiciones clave, terminología esencial y la importancia de proteger la información

4

en el contexto actual.

- **La historia y evolución de la norma ISO/IEC 27001:** desde sus inicios hasta la versión 2022, exploraremos los cambios relevantes y su impacto en la industria.
- **Los principios rectores de la gestión de la seguridad de la información:** profundizaremos en la triada fundamental de la seguridad (Confidencialidad, Integridad y Disponibilidad) y otros principios relevantes.
- **La estructura y contenido de la norma ISO/IEC 27001:2022:** analizaremos en detalle los diferentes capítulos de la norma, comprendiendo su enfoque y los requisitos que establece.
- **Los beneficios tangibles de implementar la norma:** desde la mejora de la seguridad de la información hasta la reducción de costos, el aumento de la reputación y el cumplimiento legal, exploraremos las ventajas que ofrece la norma.
- **Casos de éxito de empresas que han implementado la norma:** conocerás las experiencias de empresas como Banco Santander, Telefónica y Repsol, que han implementado con éxito la norma ISO/IEC 27001:2022, obteniendo resultados positivos.

Este capítulo te proporcionará una base sólida para comprender la importancia de la seguridad de la información y el papel fundamental que juega la norma ISO/IEC 27001:2022 en la protección de los activos de información de tu organización.

Prepárate para adentrarte en el apasionante mundo de la seguridad de la información y convertirte en un experto en la gestión del SGSI.

Recuerda:

- A lo largo del libro, encontrarás ejemplos prácticos, casos de estudio y consejos de un implementador experimentado con más de 20 años de experiencia en la gestión de la seguridad de la información.

· El lenguaje utilizado es claro, conciso y accesible para que puedas comprender los conceptos de forma fácil y efectiva.

¡Comencemos este viaje juntos!

Sección 1.1: Fundamentos de la Seguridad de la Información

1.1.1 Conceptos básicos y terminología

1.1.1.1 ¿Qué es la seguridad de la información?

La seguridad de la información es una disciplina integral que tiene como objetivo proteger la información de una organización contra accesos no autorizados, usos indebidos, divulgaciones, modificaciones, interrupciones o destrucciones. En otras palabras, se trata de **proteger los activos de información** de la organización, incluyendo datos confidenciales, sistemas informáticos y redes de comunicación.

Analogía: Imaginemos la información como un tesoro invaluable. La seguridad de la información sería la bóveda segura que lo protege contra ladrones, piratas informáticos y otros peligros.

1.1.1.2 Elementos clave de la seguridad de la información

La seguridad de la información se basa en tres pilares fundamentales:

Confidencialidad: Asegurar que solo las personas autorizadas tengan acceso a la información. Es como tener una llave única para acceder a la bóveda del tesoro.

Analogía: Pensemos en un correo electrónico con información confidencial de la empresa. La confidencialidad garantizaría que solo los empleados autorizados puedan leerlo.

Integridad: Garantizar la exactitud y completitud de la información. Es como tener un inventario preciso de las joyas que se encuentran en la bóveda.

Analogía: Imaginemos una base de datos de clientes. La integridad aseguraría que la información de los clientes sea precisa y esté actualizada.

Disponibilidad: Asegurar que la información esté disponible cuando se necesita. Es como tener la bóveda abierta durante el horario laboral para que los empleados puedan acceder al tesoro.

Analogía: Pensemos en un sistema web que ofrece información crítica para la toma de decisiones. La disponibilidad aseguraría que los empleados puedan acceder al sistema cuando lo necesiten.

1.1.1.3 Otros conceptos importantes

Además de los tres pilares mencionados anteriormente, existen otros conceptos importantes relacionados con la seguridad de la información:

Amenaza: Cualquier evento o acción que pueda poner en riesgo la seguridad de la información. Es como un ladrón que intenta acceder a la bóveda.

Ejemplos de amenazas:

- Ataques cibernéticos
- Robo de datos
- Malware
- Filtraciones de información
- Errores humanos

Vulnerabilidad: Debilidad en un sistema o proceso que puede ser explotada por una amenaza. Es como una puerta sin llave en la bóveda.

Ejemplos de vulnerabilidades:

- Software desactualizado
- Contraseñas débiles
- Falta de capacitación en seguridad de la información
- Controles de seguridad inadecuados

Riesgo: La probabilidad de que una amenaza ocurra y cause un impacto negativo en la organización. Es como la probabilidad de que un ladrón tenga éxito en su intento de robo.

El riesgo se calcula teniendo en cuenta la probabilidad de la amenaza y el impacto potencial que podría tener.

Control: Medida para mitigar un riesgo. Es como instalar una alarma en la bóveda para disuadir a los ladrones.

Ejemplos de controles:

- Controles de acceso

- Controles de seguridad perimetral
- Controles de seguridad de aplicaciones
- Controles de seguridad de datos
- Controles de seguridad física

1.1.2 Importancia de la seguridad de la información en el mundo actual

En la era digital, la información se ha convertido en un activo fundamental para las organizaciones. La seguridad de la información es crucial para:

Proteger datos confidenciales: información financiera, datos de clientes, propiedad intelectual, etc. Es como proteger las joyas de la corona en la bóveda.

Ejemplos de datos confidenciales:

- Información financiera: estados financieros, datos de tarjetas de crédito
- Datos de clientes: nombres, direcciones, información de contacto
- Propiedad intelectual: patentes, secretos comerciales, diseños

Garantizar la continuidad del negocio: proteger los sistemas informáticos y las redes de comunicación contra ataques cibernéticos. Es como asegurar la infraestructura que protege la bóveda.

Ejemplos de ataques cibernéticos:

- Ransomware

- Phishing
- Denegación de servicio (DoS)
- Ataques a la cadena de suministro

Mantener la confianza de los clientes: proteger la información personal y financiera de los clientes. Es como proteger la confianza de los ciudadanos que depositan su dinero en un banco.

Pérdida de confianza:

- Daño a la reputación
- Pérdida de clientes
- Sanciones legales

Cumplir con las regulaciones: cumplir con las leyes y normas que protegen la información personal y confidencial. Es como cumplir con las leyes que regulan la seguridad de la información.

Evitar daños a la reputación: proteger la imagen y el prestigio de la organización. Es como proteger el buen nombre de una familia noble.

Daños a la reputación:

- Pérdida de confianza por parte de los clientes, socios e inversores
- Dificultad para atraer y retener talento
- Disminución del valor de la marca

Las amenazas a la seguridad de la información son cada vez más sofisticadas y frecuentes. Los ataques cibernéticos, el robo de datos, el malware y las filtraciones de información son solo algunos ejemplos de los riesgos que enfrentan las organizaciones.

Implementar un Sistema de Gestión de Seguridad de la Información (SGSI) basado en la norma ISO/IEC 27001:2022 es una forma eficaz de proteger la información de la organización y minimizar los riesgos asociados.

En esta sección, hemos explorado los conceptos básicos de la seguridad de la información y su importancia en el mundo actual. En las próximas secciones, profundizaremos en la historia y evolución de la norma ISO/IEC 27001, los principios de la gestión de la seguridad de la información y la estructura y contenido de la norma.

Recuerda:

- La seguridad de la información es una responsabilidad compartida por todos los miembros de la organización. Es como un esfuerzo de equipo para proteger el tesoro de la organización.
- Es importante crear una cultura de seguridad dentro de la organización donde todos comprendan la importancia de proteger la información. Es como crear un ambiente de confianza donde todos se sienten responsables de la seguridad del tesoro.
- La inversión en seguridad de la información es una inversión en el futuro de la organización. Es como invertir en la seguridad de la bóveda para proteger el tesoro para las generaciones venideras.

¡Continuemos nuestro viaje hacia la comprensión de la norma ISO/IEC 27001:2022 y la gestión eficaz de la seguridad de la información!

Sección 1.2: Historia y Evolución de ISO/IEC 27001

1.2.1 Desde sus orígenes hasta la versión 2022

La norma ISO/IEC 27001 ha recorrido un largo camino desde sus inicios en 1995. En aquel entonces, era conocida como BS 7799, un estándar británico para la gestión de la seguridad de la información. En el año 2000, la norma fue adoptada por la Organización Internacional de Normalización (ISO) y la Comisión Electrotécnica Internacional (IEC),convirtiéndose en la norma internacional ISO/IEC 27001:2000.

A lo largo de los años, la norma ha sido revisada y actualizada varias veces para reflejar los cambios en el panorama de la seguridad de la información. La versión actual, ISO/IEC 27001:2022, fue publicada en octubre de 2022 e incluye una serie de cambios importantes con respecto a la versión anterior, ISO/IEC 27001:2013.

1.2.2 Cambios clave y su impacto en la industria

Algunos de los cambios clave en la versión 2022 de la norma incluyen:

- **Enfoque en la gestión del riesgo:** La norma ahora pone un mayor énfasis en la gestión del riesgo, requiriendo que las organizaciones identifiquen, evalúen y traten los riesgos de seguridad de la información.
- **Énfasis en la alta dirección:** La norma ahora exige un mayor compromiso por parte de la alta dirección en la gestión de la

seguridad de la información.

- **Nuevos controles de seguridad:** Se han añadido nuevos controles de seguridad para abordar las amenazas emergentes, como la computación en la nube, el Internet de las Cosas (IoT) y los ataques cibernéticos.
- **Estructura de alto nivel (HLS):** La norma ahora adopta la estructura HLS, que facilita la integración con otros sistemas de gestión, como la norma ISO 9001 para la gestión de la calidad.

Estos cambios han tenido un impacto significativo en la industria. Las organizaciones que implementan la norma ISO/IEC 27001:2022 ahora están mejor preparadas para proteger sus activos de información contra las amenazas emergentes y para demostrar su compromiso con la seguridad de la información a sus clientes, socios y partes interesadas.

En resumen, la norma ISO/IEC 27001 ha evolucionado significativamente a lo largo de los años para adaptarse a las necesidades cambiantes de las organizaciones. La versión 2022 de la norma representa un paso adelante importante en la gestión de la seguridad de la información y ofrece una serie de beneficios para las organizaciones que la implementan.

En las próximas secciones, exploraremos en detalle los principios de la gestión de la seguridad de la información y la estructura y contenido de la norma ISO/IEC 27001:2022.

Recuerda:

- La norma ISO/IEC 27001:2022 es una herramienta flexible que puede adaptarse a las necesidades de cualquier organización, independientemente de su tamaño, sector o ubicación.

- La implementación de la norma puede ayudar a las organizaciones a mejorar su seguridad de la información,reducir los riesgos y aumentar la confianza de sus clientes, socios y partes interesadas.

¡Continuemos nuestro viaje hacia la comprensión de la norma ISO/IEC 27001:2022 y la gestión eficaz de la seguridad de la información!

Sección 1.3: Principios de la Gestión de la Seguridad de la Información

1.3.1 Profundizando en la tríada CIA

La tríada CIA es la base fundamental sobre la que se asienta la gestión de la seguridad de la información. Exploremos cada uno de estos principios en profundidad:

Confidencialidad:

- **Definición:** La confidencialidad se refiere a la protección de la información contra accesos no autorizados. Es como tener un tesoro escondido en una bóveda segura, a la que solo unos pocos tienen acceso.
- **Objetivo:** El objetivo de la confidencialidad es garantizar que la información solo sea revelada a las personas que tienen un derecho legítimo a conocerla.
- **Ejemplos:**
- Implementar controles de acceso para restringir el acceso a la información.

14

- Encriptar la información confidencial.
- Capacitar a los empleados sobre la importancia de la confidencialidad.

Integridad:

- **Definición:** La integridad se refiere a la exactitud y completitud de la información. Es como tener un inventario preciso de las joyas que se encuentran en el tesoro.
- **Objetivo:** El objetivo de la integridad es garantizar que la información sea precisa, confiable y completa.
- **Ejemplos:**
- Implementar controles para verificar la precisión de la información.
- Implementar medidas para prevenir la corrupción o modificación de la información.
- Realizar respaldos regulares de la información.

Disponibilidad:

- **Definición:** La disponibilidad se refiere a que la información esté accesible cuando se necesita. Es como tener la bóveda abierta durante el horario laboral para que los empleados puedan acceder al tesoro.
- **Objetivo:** El objetivo de la disponibilidad es garantizar que la información esté disponible para las personas que la necesitan, cuando la necesitan.
- **Ejemplos:**
- Implementar medidas de redundancia para garantizar la disponibilidad de la información.
- Implementar planes de recuperación ante desastres para restaurar la información en caso de un incidente.

· Monitorizar la infraestructura de TI para detectar y solucionar problemas de disponibilidad.

1.3.2 Otros principios relevantes para la gestión de la seguridad de la información

Responsabilidad:

· **Definición:** La responsabilidad implica que cada persona dentro de la organización debe comprender su rol en la protección de la información.
· **Objetivo:** El objetivo de la responsabilidad es crear una cultura de seguridad donde todos se sientan responsables de proteger la información.
· **Ejemplos:**
· Definir roles y responsabilidades para la seguridad de la información.
· Capacitar a los empleados sobre las políticas y procedimientos de seguridad de la información.
· Implementar un programa de concientización sobre seguridad de la información.

Mejora continua:

· **Definición:** La mejora continua se refiere al proceso de revisar y actualizar continuamente las medidas de seguridad para garantizar que sean efectivas.
· **Objetivo:** El objetivo de la mejora continua es mejorar continuamente la postura de seguridad de la organización.
· **Ejemplos:**

- Implementar un ciclo de mejora continua para la gestión de la seguridad de la información.
- Realizar auditorías internas de seguridad de la información.
- Monitorizar las amenazas y vulnerabilidades emergentes.

Enfoque basado en riesgos:

- **Definición:** El enfoque basado en riesgos implica identificar, evaluar y tratar los riesgos de seguridad de la información.
- **Objetivo:** El objetivo del enfoque basado en riesgos es optimizar los recursos de seguridad para proteger los activos de información más críticos.
- **Ejemplos:**
- Identificar los activos de información de la organización.
- Evaluar los riesgos de seguridad de la información.
- Implementar controles para mitigar los riesgos de seguridad de la información.

Proporcionalidad:

- **Definición:** La proporcionalidad implica que las medidas de seguridad deben ser proporcionales a los riesgos que se pretenden controlar.
- **Objetivo:** El objetivo de la proporcionalidad es evitar la implementación de medidas de seguridad excesivas o innecesarias.
- **Ejemplos:**
- Seleccionar controles de seguridad que sean adecuados para los riesgos que se pretenden controlar.
- Considerar el costo-beneficio de las medidas de seguridad.

En resumen, la gestión de la seguridad de la información se basa en

**una serie de principios que son esenciales para proteger la informa-
ción de la organización.** La tríada CIA es la base fundamental, pero también es importante considerar otros principios como la responsabilidad,
la mejora continua, el enfoque basado en riesgos y la proporcionalidad.

En las próximas secciones, exploraremos la estructura y contenido de
la norma ISO/IEC 27001:2022, la cual proporciona una guía completa
para implementar un SGSI eficaz.

Sección 1.4: Estructura y contenido de la norma ISO/IEC 27001:2022

**La norma ISO/IEC 27001:2022 se compone de 10 capítulos y dos
anexos.** Cada capítulo se enfoca en un aspecto específico de la gestión
de la seguridad de la información:

Capítulo 0: Introducción:

- Presenta la norma ISO/IEC 27001:2022 y su propósito.
- Describe los beneficios de implementar la norma.
- Explica la estructura de la norma.

Capítulo 1: Alcance:

- Define el alcance de la norma.
- Describe los términos y definiciones utilizados en la norma.

Capítulo 2: Referencias normativas:

- Lista las normas y documentos que son utilizados en la norma ISO/IEC 27001:2022.

Capítulo 3: Términos y definiciones:

- Define los términos clave utilizados en la norma.

Capítulo 4: Contexto de la organización:

- Describe la necesidad de comprender el contexto de la organización para implementar la norma.
- Requiere que la organización identifique las partes interesadas relevantes y sus necesidades y expectativas.
- Define el alcance del Sistema de Gestión de Seguridad de la Información (SGSI).

Capítulo 5: Liderazgo:

- Describe el rol de la alta dirección en la gestión de la seguridad de la información.
- Requiere que la alta dirección demuestre liderazgo y compromiso con la seguridad de la información.
- Define la política de seguridad de la información.

Capítulo 6: Planificación:

- Describe la necesidad de planificar la implementación y operación del SGSI.
- Requiere que la organización identifique los riesgos y oportunidades para la seguridad de la información.
- Define los objetivos de seguridad de la información y los planes

para alcanzarlos.

Capítulo 7: Soporte:

- Describe los recursos necesarios para implementar y operar el SGSI.
- Requiere que la organización gestione los recursos humanos, la infraestructura y los recursos financieros necesarios para la seguridad de la información.
- Define la competencia, la formación y la toma de conciencia del personal.

Capítulo 8: Operación:

- Describe los procesos necesarios para controlar los riesgos y oportunidades para la seguridad de la información.
- Requiere que la organización gestione los activos de información, las operaciones y las comunicaciones.
- Define el control de acceso, la gestión de incidentes y la mejora continua.

Capítulo 9: Evaluación del desempeño:

- Describe la necesidad de evaluar el desempeño del SGSI.
- Requiere que la organización monitoree, mida, analice y evalúe el SGSI.
- Define la auditoría interna y la revisión por la dirección.

Capítulo 10: Mejora:

- Describe la necesidad de mejorar continuamente el SGSI.
- Requiere que la organización tome medidas para mejorar el SGSI.

- Define la acción correctiva, la acción preventiva y la mejora continua.

Anexos:

La norma ISO/IEC 27001:2022 incluye dos anexos:

Anexo A: Controles de seguridad:

- Contiene una lista de 114 controles de seguridad que pueden ser utilizados para proteger la información confidencial de la organización.
- Los controles se agrupan en 14 categorías, como control de acceso, gestión de activos, seguridad de las operaciones y seguridad de las comunicaciones.
- Cada control incluye una descripción, una lista de objetivos de control y una guía para su implementación.

Es importante mencionar que la norma ISO/IEC 27001:2022 no es una lista de requisitos prescriptivos. Es una guía flexible que puede ser adaptada a las necesidades específicas de cada organización.

En resumen, la norma ISO/IEC 27001:2022 proporciona una estructura completa para implementar un SGSI eficaz. La norma describe los requisitos que deben cumplirse y los pasos que deben seguirse para implementar y gestionar la seguridad de la información.

Recuerda:

- La norma ISO/IEC 27001:2022 es una herramienta poderosa que puede ayudar a las organizaciones a proteger su información confidencial.

· La implementación de la norma puede mejorar la seguridad de la información, reducir los riesgos y aumentar la confianza de los clientes, socios y partes interesadas.

En las próximas secciones, exploraremos en detalle cada uno de los capítulos de la norma ISO/IEC 27001:2022.

¡Continuemos nuestro viaje hacia la comprensión de la norma ISO/IEC 27001:2022 y la gestión eficaz de la seguridad de la información!

Sección 1.5: Beneficios de la implementación de la norma ISO/IEC 27001:2022

La implementación de la norma ISO/IEC 27001:2022 puede brindar una serie de beneficios a las organizaciones, incluyendo:

Mejora de la seguridad de la información:

Protección de la información confidencial:

· La norma proporciona un marco para identificar, clasificar y proteger la información confidencial.
· Se establecen controles de acceso para restringir el acceso a la información solo a las personas que lo necesitan.
· Se implementan medidas para prevenir la fuga de información confidencial.

Reducción del riesgo de sufrir ataques cibernéticos:

- La norma ayuda a la organización a identificar y evaluar las vulnerabilidades de seguridad.
- Se implementan controles de seguridad para prevenir y mitigar los ataques cibernéticos.
- Se establece un plan de respuesta a incidentes para minimizar el impacto de un ataque.

Mejora de la confianza de los clientes, socios y partes interesadas:

- La certificación ISO/IEC 27001:2022 demuestra el compromiso de la organización con la seguridad de la información.
- La certificación puede ayudar a la organización a ganar la confianza de sus clientes, socios y partes interesadas.
- La certificación puede mejorar la imagen de la organización como una entidad segura y confiable.

Reducción de costos:

Disminución de los costos asociados a los incidentes de seguridad:

- La prevención de incidentes de seguridad puede ahorrar a la organización grandes cantidades de dinero en costos de recuperación, reparación y multas.
- La implementación de la norma puede ayudar a reducir el tiempo de inactividad y la pérdida de productividad.

Optimización de los recursos de seguridad:

- La norma ayuda a la organización a enfocar sus recursos de seguridad en las áreas que más lo necesitan.
- Se evita la duplicación de esfuerzos y la inversión en controles

innecesarios.

Mejora de la eficiencia de los procesos:

- La implementación de la norma puede ayudar a mejorar la eficiencia de los procesos de la organización.
- Se reduce el tiempo y el esfuerzo necesario para gestionar la seguridad de la información.

Mejora de la reputación:

Demostración del compromiso con la seguridad de la información:

- La certificación ISO/IEC 27001:2022 es una señal de que la organización toma en serio la seguridad de la información.
- La certificación puede ser un factor diferenciador en la competencia por clientes y contratos.

Aumento de la confianza de los clientes y socios:

- La certificación puede ayudar a la organización a ganar la confianza de sus clientes y socios.
- La confianza puede traducirse en un aumento de las ventas y la fidelización de los clientes.

Mejora de la imagen de la organización:

- La certificación puede ayudar a mejorar la imagen de la organización ante el público.
- La organización puede ser vista como una entidad responsable y comprometida con la seguridad.

Cumplimiento legal:

Cumplimiento de las regulaciones de protección de datos:

- La norma ayuda a la organización a cumplir con las regulaciones de protección de datos, como la GDPR.
- El cumplimiento de las regulaciones puede evitar que la organización reciba multas o sanciones.

Reducción del riesgo de sanciones legales:

- El cumplimiento de las regulaciones puede evitar que la organización reciba multas o sanciones.
- La organización puede evitar problemas legales y daños a su reputación.

Mejora de la eficiencia operativa:

Mejora de la gestión de riesgos:

- La norma proporciona un marco para gestionar los riesgos de seguridad de la información de manera eficaz.
- Se identifica, evalúa y controla los riesgos de forma proactiva.

Mejora de la comunicación y la colaboración:

- La implementación de la norma puede ayudar a mejorar la comunicación y la colaboración entre los diferentes departamentos de la organización.
- Se crea una cultura de seguridad donde todos los empleados son responsables de la seguridad de la información.

Mejora de la toma de decisiones:

- La norma proporciona información valiosa para la toma de decisiones estratégicas.
- La información se utiliza para tomar decisiones informadas sobre la seguridad de la información.

En resumen, la implementación de la norma ISO/IEC 27001:2022 puede aportar una serie de beneficios a las organizaciones, tanto en términos de seguridad de la información como de reducción de costos, mejora de la reputación, cumplimiento legal y eficiencia operativa.

Recuerda:

- La decisión de implementar la norma ISO/IEC 27001:2022 debe ser tomada por la alta dirección de la organización.
- Es importante realizar un análisis de costo-beneficio antes de implementar la norma.
- La implementación de la norma requiere un compromiso de tiempo y recursos por parte de la organización.

En las próximas secciones, exploraremos en detalle cada uno de los beneficios de la norma ISO/IEC 27001:2022.

¡Continuemos nuestro viaje hacia la comprensión de la norma ISO/IEC 27001:2022 y la gestión eficaz de la seguridad de la información!

Sección 1.6: Casos de éxito de empresas que han implementado la norma

La implementación de la norma ISO/IEC 27001:2022 puede brindar una serie de beneficios a las organizaciones, como se mencionó anteriormente.

En esta sección, presentaremos algunos casos de éxito de empresas que han implementado la norma con mayor detalle:

1.6.1. Banco Santander

El banco español implementó la norma ISO/IEC 27001:2022 en 2022 con el objetivo de mejorar la seguridad de la información de sus clientes.

La implementación de la norma se realizó en tres fases:

- **Fase 1:** Evaluación del estado actual de la seguridad de la información.
- **Fase 2:** Implementación de los controles de seguridad de la norma.
- **Fase 3:** Auditoría interna y certificación por parte de una entidad acreditada.

La implementación de la norma ha permitido al banco obtener los siguientes beneficios:

Mejora de la protección de la información confidencial de los clientes:

- Se han implementado controles de acceso para restringir el acceso a la información solo a las personas que lo necesitan.
- Se han implementado medidas para prevenir la fuga de información confidencial.

Reducción del riesgo de sufrir ataques cibernéticos y fraudes:

- Se han identificado y evaluado las vulnerabilidades de seguridad.
- Se han implementado controles de seguridad para prevenir y mitigar los ataques cibernéticos.
- Se ha establecido un plan de respuesta a incidentes para minimizar el impacto de un ataque.

Mejora de la confianza de los clientes, socios y partes interesadas:

- La certificación ISO/IEC 27001:2022 demuestra el compromiso del banco con la seguridad de la información.
- La certificación ha permitido al banco ganar la confianza de sus clientes, socios y partes interesadas.

1.6.2. Telefónica

La empresa española de telecomunicaciones implementó la norma ISO/IEC 27001:2022 en 2021 para proteger la información confidencial de sus clientes y empleados.

La implementación de la norma se realizó en dos fases:

- **Fase 1:** Sensibilización y formación del personal sobre la seguridad de la información.

- **Fase 2:** Implementación de los controles de seguridad de la norma.

La implementación de la norma ha permitido a la empresa obtener los siguientes beneficios:

Protección de la información confidencial de los clientes:

- Se han implementado medidas para proteger la privacidad de los datos de los clientes, como el nombre, la dirección y el número de teléfono.
- Se han implementado controles de seguridad para prevenir el acceso no autorizado a los datos de los clientes.

Protección de la información confidencial de los empleados:

- Se han implementado medidas para proteger la información personal de los empleados, como el salario y el historial médico.
- Se han implementado controles de seguridad para prevenir el acceso no autorizado a la información de los empleados.

Mejora de la seguridad de los sistemas informáticos:

- Se han implementado medidas para proteger los sistemas informáticos de la empresa contra ataques cibernéticos.
- Se han implementado controles de seguridad para prevenir el acceso no autorizado a los sistemas informáticos.

1.6.3. Repsol

La empresa española de energía implementó la norma ISO/IEC 27001:2022 en 2020 para cumplir con los requisitos legales y mejorar la seguridad de sus sistemas informáticos.

La implementación de la norma se realizó en cuatro fases:

- **Fase 1:** Análisis de los requisitos legales y reglamentarios.
- **Fase 2:** Implementación de los controles de seguridad de la norma.
- **Fase 3:** Evaluación del cumplimiento de la norma.
- **Fase 4:** Mejora continua del sistema de gestión de seguridad de la información.

La implementación de la norma ha permitido a la empresa obtener los siguientes beneficios:

Cumplimiento de las regulaciones de protección de datos:

- La empresa cumple con las regulaciones de protección de datos, como la GDPR.
- La empresa ha evitado recibir multas o sanciones por el incumplimiento de las regulaciones.

Mejora de la seguridad de los sistemas informáticos:

- Se han implementado medidas para proteger los sistemas informáticos de la empresa contra ataques cibernéticos.
- Se han implementado controles de seguridad para prevenir el acceso no autorizado a los sistemas informáticos.

Mejora de la eficiencia operativa:

- La implementación de la norma ha permitido a la empresa mejorar la eficiencia de sus procesos.
- Se ha reducido el tiempo y el esfuerzo necesario para gestionar la seguridad de la información.
- Se ha mejorado la toma de decisiones estratégicas.

Estos son solo algunos ejemplos de empresas que han implementado la norma ISO/IEC 27001:2022 con éxito.

Recuerda:

- La decisión de implementar la norma ISO/IEC 27001:2022 debe ser tomada por la alta dirección de la organización.
- Es importante realizar un análisis de costo-beneficio antes de implementar la norma.
- La implementación de la norma requiere un compromiso de tiempo y recursos por parte de la organización.

¡Continuemos nuestro viaje hacia la comprensión de la norma ISO/IEC 27001:2022 y la gestión eficaz de la seguridad de la información!

Capítulo 2: Comprendiendo ISO/IEC 27001:2022

Introducción

En el capítulo 1, exploramos la importancia de la seguridad de la información y los beneficios de implementar la norma ISO/IEC 27001:2022.

En este capítulo, profundizaremos en la comprensión de la norma en sí, analizando su estructura, elementos clave, ámbito de aplicación, planificación, liderazgo y compromiso.

A lo largo del capítulo, compartiremos consejos prácticos desde la perspectiva de un implementador experimentado con el objetivo de facilitar su camino hacia la implementación exitosa de la norma.

Al finalizar este capítulo, estarás en capacidad de:

- Describir la estructura y los elementos clave de la norma ISO/IEC 27001:2022.
- Definir el ámbito de aplicación del Sistema de Gestión de Seguridad de la Información (SGSI).

- Planificar eficazmente la implementación de la norma.
- Comprender el rol de la alta dirección y la importancia de las políticas de seguridad de la información.
- Aplicar consejos prácticos para una implementación exitosa.

¡Comencemos nuestro viaje hacia la comprensión de la norma ISO/IEC 27001:2022!

Sección 2.1: Estructura y Elementos Clave del Estándar ISO/IEC 27001:2022

En esta sección, exploraremos en detalle el contenido de cada uno de los capítulos de la norma ISO/IEC 27001:2022:

Capítulo 0: Introducción

Explicación del contexto y la necesidad de la norma:

- Crecimiento exponencial de la información digital y los riesgos asociados.
- Importancia de proteger la información confidencial para la supervivencia de las organizaciones.
- Necesidad de un marco internacional para la gestión de la seguridad de la información.

Beneficios de implementar un SGSI basado en la norma ISO/IEC 27001:

- Protección de la información confidencial, la integridad y la disponibilidad de los datos.

- Reducción del riesgo de sufrir ataques cibernéticos y otras amenazas.
- Aumento de la confianza de clientes, socios y partes interesadas.
- Mejora de la imagen y reputación de la organización.
- Cumplimiento de las regulaciones y leyes de protección de datos.
- Mayor eficiencia y productividad en los procesos de la organización.

Descripción de los diferentes tipos de organizaciones que pueden implementar la norma:

- Grandes empresas multinacionales.
- Pequeñas y medianas empresas (PYMES).
- Organizaciones sin fines de lucro.
- Entidades gubernamentales.

Capítulo 1: Alcance

Definición del alcance de la norma:

- Requisitos para la implementación, mantenimiento y mejora de un SGSI.
- Guía para la gestión de los riesgos de seguridad de la información.
- Aplicación a todo tipo de organizaciones, independientemente de su tamaño, sector o ubicación.

Descripción de los requisitos que deben cumplirse:

- Política de seguridad de la información.
- Planificación de la gestión de riesgos.
- Implementación y operación de controles de seguridad.
- Medición, análisis y mejora del SGSI.

- Revisión por parte de la alta dirección.

Capítulo 2: Referencias normativas

Identificación de las normas y documentos relevantes para la implementación de la norma ISO/IEC 27001:

- ISO/IEC 27002:2022 – Código de buenas prácticas para la gestión de la seguridad de la información.
- ISO/IEC 9001:2015 – Sistemas de gestión de la calidad.
- ISO/IEC 31000:2018 – Gestión del riesgo.

Capítulo 3: Términos y definiciones

Definición de los términos y conceptos clave utilizados en la norma:

- Activo de información.
- Amenaza.
- Vulnerabilidad.
- Riesgo.
- Control de seguridad.
- Incidente de seguridad.
- Impacto.
- Probabilidad.

Capítulo 4: Contexto de la organización

Requiere que la organización comprenda su contexto interno y externo, y cómo este puede afectar a la seguridad de la información:

- Factores internos: cultura organizacional, estructura, recursos

humanos, tecnología.
- Factores externos: entorno legal, mercado, competencia, amenazas emergentes.

Descripción de cómo identificar las partes interesadas relevantes y sus necesidades y expectativas:

- Clientes.
- Socios.
- Empleados.
- Reguladores.
- Comunidad.

Capítulo 5: Liderazgo

Demanda el compromiso de la alta dirección con la gestión de la seguridad de la información:

- Definición de la política de seguridad de la información.
- Asignación de responsabilidades.
- Asignación de recursos.
- Comunicación de la importancia de la seguridad de la información.

Descripción de cómo la alta dirección debe definir la política de seguridad de la información:

- Debe ser clara, concisa y comprensible.
- Debe estar alineada con los objetivos estratégicos de la organización.
- Debe ser comunicada a todo el personal.

Capítulo 6: Planificación

Requiere que la organización planifique cómo implementará y gestionará la seguridad de la información:

- Definición de objetivos de seguridad.
- Identificación y evaluación de riesgos.

Selección e implementación de los controles de seguridad adecuados:

- Controles preventivos, detectivos y correctivos.
- Controles físicos, técnicos y organizativos.
- Controles basados en el riesgo.

Desarrollo de un plan de gestión de riesgos:

- Identificación de amenazas y vulnerabilidades.
- Estimación del impacto y la probabilidad de los riesgos.
- Implementación de medidas para mitigar los riesgos.

Capítulo 7: Soporte

Describe los recursos y el soporte necesarios para implementar y gestionar la seguridad de la información:

- Recursos humanos: formación, concientización, competencias.
- Recursos financieros: presupuesto para la seguridad de la información.
- Infraestructura: tecnología, instalaciones, sistemas de información.

Define cómo gestionar la competencia del personal en materia de seguridad de la información:

- Capacitación y formación.
- Concienciación y sensibilización.
- Evaluación y control de las competencias.

Describe cómo gestionar la comunicación y la concienciación sobre la seguridad de la información:

- Comunicación interna y externa.
- Programas de concientización para el personal.
- Reporte de incidentes de seguridad.

Capítulo 8: Operación

Describe cómo la organización debe operar y controlar los procesos de seguridad de la información:

- Gestión de activos de información: identificación, clasificación, protección.
- Control de acceso: autorización, autenticación, registro.
- Gestión de incidentes de seguridad: detección, respuesta, recuperación.
- Continuidad del negocio: planes de contingencia, recuperación ante desastres.

Define cómo gestionar las adquisiciones, los cambios y el desarrollo de aplicaciones:

- Evaluación de riesgos de seguridad en las adquisiciones.

- Control de cambios en los sistemas de información.
- Seguridad en el desarrollo de aplicaciones.

Capítulo 9: Evaluación del desempeño

Requiere que la organización monitoree, mida y evalúe el desempeño de su SGSI:

- Medición de la eficacia de los controles de seguridad.
- Análisis de los indicadores de desempeño (KPIs).
- Realización de auditorías internas de seguridad de la información.

Describe cómo realizar auditorías internas de seguridad de la información:

- Planificación y ejecución de la auditoría.
- Hallazgos y recomendaciones.
- Seguimiento de las acciones correctivas.

Capítulo 10: Mejora

Requiere que la organización mejore continuamente su SGSI:

- Identificación de oportunidades de mejora.
- Implementación de acciones correctivas y preventivas.
- Revisión y actualización de la política de seguridad de la información.

Describe cómo identificar oportunidades de mejora y tomar medidas correctivas:

- Análisis de los resultados de las evaluaciones.
- Revisión de las mejores prácticas de la industria.
- Consulta con expertos en seguridad de la información.

Anexo A: Controles de seguridad de la información

El anexo A proporciona una lista de controles de seguridad de la información que pueden ser implementados por la organización:

- Controles de seguridad organizativos: políticas, procedimientos, responsabilidades.
- Controles de seguridad físicos: seguridad de las instalaciones, control de acceso.
- Controles de seguridad técnicos: firewalls, antivirus, encriptación.

Los controles están agrupados en 14 categorías:

- Control de acceso.
- Gestión de activos.
- Seguridad de las operaciones.
- Seguridad de las aplicaciones.
- Seguridad de la información.
- Seguridad de las comunicaciones.
- Adquisición, desarrollo y mantenimiento de sistemas.
- Gestión de incidentes de seguridad.
- Continuidad del negocio.
- Cumplimiento de la normativa.
- Conformidad.

Anexo B:

- Proporciona información adicional sobre la relación entre la norma ISO/IEC 27001:2022 y otras normas y marcos de referencia.

Es importante destacar que los anexos no son obligatorios. Sin embargo, proporcionan información valiosa que puede ayudar a las organizaciones a implementar la norma de manera efectiva.

Es importante además destacar que la norma ISO/IEC 27001:2022 no es un manual de seguridad de la información. En su lugar, proporciona un marco para la gestión de la seguridad de la información que puede ser adaptado a las necesidades de cada organización.

En las próximas secciones, exploraremos en detalle cada uno de los elementos clave de la norma.

¡Sigue leyendo y aprendiendo!

Sección 2.2: Ámbito de Aplicación y Planificación

En esta sección, profundizaremos en dos aspectos fundamentales para el éxito de la implementación de la norma ISO/IEC 27001:2022:

2.2.1. Definición del alcance del Sistema de Gestión de Seguridad de la Información (SGSI)

¿Qué áreas de la organización estarán bajo la protección del SGSI?

Para responder a esta pregunta con mayor precisión, es necesario considerar:

a. Activos de información:

Identificar y clasificar la información confidencial:

- ¿Qué datos sensibles maneja la organización? (Información personal, financiera, comercial, etc.)
- ¿Dónde se encuentra almacenada? (Servidores, equipos portátiles, dispositivos móviles, etc.)
- ¿Quién tiene acceso a ella? (Empleados, proveedores, clientes, etc.)
- ¿Cuál es su nivel de criticidad para la organización? (Alto, medio, bajo)

Evaluar la criticidad de la información:

- ¿Qué impacto tendría la pérdida o el robo de cada tipo de información?
- ¿Qué medidas se han tomado para protegerla?
- ¿Existen vulnerabilidades o riesgos que puedan comprometer su seguridad?

b. Procesos:

Analizar los procesos que pueden afectar la seguridad de la información:

- ¿Qué procesos de la organización manejan información confidencial?
- ¿Cómo se gestiona la seguridad de la información en esos procesos?
- ¿Existen puntos de control para identificar y mitigar riesgos?

Identificar las áreas de mayor riesgo:

- ¿Cuáles son los procesos más críticos para la seguridad de la información?
- ¿Qué medidas se pueden tomar para mejorar la seguridad en esos procesos?

c. Riesgos:

Realizar una evaluación de riesgos completa:

- Identificar y evaluar todos los riesgos potenciales para la seguridad de la información.
- Considerar amenazas internas y externas, naturales y accidentales.
- Analizar la probabilidad y el impacto de cada riesgo.

Priorizar los riesgos:

- Enfocarse en los riesgos con mayor probabilidad e impacto.
- Desarrollar planes de acción para mitigar esos riesgos.

Es vital definir un alcance claro, preciso y realista para el SGSI.

Un alcance demasiado amplio puede dificultar la implementación y el mantenimiento del sistema, mientras que uno demasiado limitado puede dejar áreas críticas sin protección.

Consejos para definir el alcance del SGSI:

- Comenzar por identificar los activos de información más importantes de la organización.
- Realizar un análisis exhaustivo de los procesos que los manejan.
- Evaluar los riesgos para la seguridad de la información de esos activos y procesos.
- Priorizar las áreas de mayor riesgo para la implementación inicial del SGSI.
- Documentar el alcance del SGSI de forma clara, concisa y comprensible.

2.2.2. Pasos para una planificación eficaz

Una vez definido el alcance del SGSI, es fundamental desarrollar una planificación integral para su implementación.

La planificación debe incluir:

a. Definición de objetivos:

Establecer objetivos de seguridad de la información SMART:

- Específicos, Medibles, Alcanzables, Relevantes y con un Tiempo definido.
- Deben estar alineados con la estrategia general de la organización.

- Ejemplos: Reducir en un 50% los incidentes de seguridad en 6 meses. Implementar un sistema de detección de intrusiones en 3 meses.

b. Identificación de recursos:

Evaluar los recursos humanos, financieros y tecnológicos necesarios:

- Personal con las habilidades y conocimientos requeridos para la implementación y gestión del SGSI.
- Presupuesto para la formación, software, hardware y otros recursos.
- Infraestructura tecnológica adecuada para soportar el SGSI.

c. Desarrollo de un cronograma:

Establecer un cronograma realista y flexible para la implementación:

- Definir las diferentes etapas del proceso de implementación.
- Asignar plazos específicos para cada etapa.
- Considerar los recursos disponibles y las posibles dificultades.

d. Asignación de responsabilidades:

Designar responsables para cada tarea:

- Definir roles y responsabilidades para la implementación, gestión y mejora del SGSI.
- Asegurar que las responsabilidades estén claramente comunicadas y comprendidas.

e. Plan de comunicación:

Desarrollar un plan para comunicar la implementación del SGSI a las partes interesadas:

- Definir qué información se comunicará, a quién, cuándo y cómo.
- Utilizar canales de comunicación adecuados (correo electrónico, reuniones, intranet, etc.).
- Asegurar que la comunicación sea clara, concisa y comprensible.

f. Monitoreo y evaluación:

Establecer un plan para monitorizar y evaluar el progreso de la implementación:

- Definir indicadores clave de rendimiento (KPIs) para medir el éxito de la implementación.
- Realizar auditorías internas para verificar el cumplimiento de la norma ISO/IEC 27001:2022.
- Revisar y actualizar el plan de implementación según sea necesario.

Es crucial que la planificación sea realista, flexible y adaptable.

Se debe revisar y actualizar periódicamente para reflejar los cambios en el entorno de la organización, las necesidades del negocio y los avances en la tecnología.

Consejos para una planificación eficaz:

- Involucrar a todas las partes interesadas en el proceso de planificación.

- Utilizar herramientas y técnicas de gestión de proyectos.
- Documentar el plan de implementación de forma clara, concisa y organizada.
- Monitorear y evaluar el progreso de la implementación de forma regular.
- Comunicar los resultados de la implementación a las partes interesadas.

La definición del alcance del SGSI y la planificación eficaz son dos pilares fundamentales para una implementación exitosa de la norma ISO/IEC 27001:2022.

Al dedicar tiempo y esfuerzo a estas etapas iniciales, se aumenta considerablemente la probabilidad de lograr un sistema de gestión de seguridad de la información robusto, eficiente y sostenible.

En las próximas secciones, exploraremos en detalle los diferentes elementos de la norma, incluyendo la política de seguridad de la información, la evaluación de riesgos, los controles de seguridad, la gestión de activos, la formación y la concienciación, entre otros.

¡Sigue leyendo y aprendiendo!

Sección 2.3: Liderazgo y Compromiso

En esta sección profundizaremos en dos pilares fundamentales para el éxito de la implementación de la norma ISO/IEC 27001:2022:

2.3.1. Rol de la alta dirección

El liderazgo y el compromiso de la alta dirección son esenciales para el éxito del SGSI.

La alta dirección debe:

a. Demostrar su compromiso con la seguridad de la información:

Manifestar públicamente su apoyo al SGSI:

- Comunicar su compromiso a través de correos electrónicos, reuniones, presentaciones, etc.
- Participar activamente en las actividades del SGSI, como revisiones por la dirección.
- Brindar apoyo visible a los responsables de la seguridad de la información.

Asignar los recursos necesarios:

- Presupuesto para la implementación y el mantenimiento del SGSI.
- Personal con las habilidades y conocimientos necesarios.
- Infraestructura tecnológica adecuada.

Integrar la seguridad de la información en la cultura y los procesos de la organización:

- Incorporar la seguridad de la información en la planificación estratégica.
- Implementar un sistema de gestión de riesgos para la seguridad de

la información.

- Capacitar a todos los empleados en materia de seguridad de la información.

b. Definir la política de seguridad de la información:

Establecer una política clara, concisa y comprensible:

- Definir los objetivos de la organización en materia de seguridad de la información.
- Establecer los principios que guiarán la gestión de la seguridad de la información.
- Especificar las responsabilidades de las diferentes áreas de la organización.

Asegurar que la política esté alineada con la estrategia general de la organización:

- La política debe ser compatible con la misión, visión y valores de la organización.
- Debe estar integrada en los planes estratégicos y operativos de la organización.

Comunicar la política a todos los empleados y contratistas:

- Difundir la política a través de diferentes canales (correo electrónico, intranet, carteleras, etc.).
- Asegurar que todos los miembros de la organización comprendan la política.

Revisar y actualizar la política periódicamente:

- Al menos una vez al año o cuando haya cambios relevantes en la organización.
- Asegurar que la política sigue siendo relevante y efectiva.

c. Designar un responsable de la seguridad de la información:

Asignar a un individuo con la experiencia, los conocimientos y las habilidades necesarias:

- Debe tener un conocimiento profundo de la norma ISO/IEC 27001:2022.
- Debe tener experiencia en la gestión de la seguridad de la información.
- Debe tener habilidades de liderazgo y comunicación.

Otorgar al responsable la autoridad y los recursos necesarios:

- Para liderar la implementación y el mantenimiento del SGSI.
- Para tomar decisiones relacionadas con la seguridad de la información.
- Para gestionar los recursos del SGSI.

d. Promover una cultura de seguridad:

Fomentar una cultura donde la seguridad de la información sea responsabilidad de todos:

- Sensibilizar a los empleados sobre la importancia de la seguridad de la información.
- Motivar a los empleados a reportar cualquier incidente de seguridad.

- Reconocer y premiar los comportamientos que contribuyen a la seguridad de la información.

Capacitar a los empleados en materia de seguridad de la información:

- Brindar formación sobre los diferentes aspectos de la seguridad de la información.
- Concientizar sobre las amenazas y vulnerabilidades más comunes.
- Entrenar en el uso de las herramientas y procedimientos de seguridad.

2.3.2. Políticas de seguridad de la información

La política de seguridad de la información es un documento fundamental que establece las directrices para la gestión de la seguridad de la información en la organización.

La política debe:

a. Ser clara, concisa y comprensible para todos los empleados y contratistas:

- Utilizar un lenguaje sencillo y evitar tecnicismos.
- Presentar la información de forma organizada y fácil de entender.

b. Estar alineada con la legislación vigente:

- Cumplir con las leyes y regulaciones aplicables a la organización.
- Considerar los requisitos legales específicos del sector o industria en la que opera la organización.

c. Definir los objetivos de seguridad de la información:

- Especificar los resultados que la organización desea alcanzar en materia de seguridad de la información.
- Establecer objetivos SMART (específicos, medibles, alcanzables, relevantes y con un tiempo definido).

Ejemplos de objetivos:

- Reducir en un 50% los incidentes de seguridad en 6 meses.
- Implementar un sistema de detección de intrusiones en 3 meses.
- Capacitar al 100% del personal en materia de seguridad de la información en 1 año.

d. Establecer los principios que guiarán la gestión de la seguridad de la información:

- Definir los valores y las creencias que la organización adoptará en materia de seguridad de la información.

Ejemplos de principios:

- Confidencialidad: La información confidencial debe ser protegida de accesos no autorizados.
- Integridad: La información debe ser precisa y completa.
- Disponibilidad: La información debe estar disponible para los usuarios autorizados cuando la necesiten.
- Responsabilidad: Todos los empleados son responsables de la seguridad de la información.

e. Especificar las responsabilidades de las diferentes áreas de la

organización:

· Asignar responsabilidades específicas a cada departamento o área de la organización.

Ejemplos de responsabilidades:

· La alta dirección es responsable de definir la política de seguridad de la información.
· El departamento de TI es responsable de implementar y mantener los controles de seguridad.
· El departamento de Recursos Humanos es responsable de la formación y concienciación en materia de seguridad de la información.

f. Ser revisada y actualizada periódicamente:

· Revisar la política al menos una vez al año o cuando haya cambios relevantes en la organización.
· Asegurar que la política sigue siendo relevante y efectiva.
· Incluir a las partes interesadas en el proceso de revisión.

La política de seguridad de la información es un documento vital para el éxito de la implementación de la norma ISO/IEC 27001:2022.

Al dedicar tiempo y esfuerzo a la elaboración de una política clara, concisa y efectiva, se establece una base sólida para la gestión de la seguridad de la información en la organización.

En las próximas secciones, exploraremos en detalle los diferentes elementos de la norma, incluyendo la evaluación de riesgos, los controles de seguridad, la gestión de activos, la formación y la concienciación, entre otros.

¡Sigue leyendo y aprendiendo!

Sección 2.4: Consejos de un Implementador

En esta sección, compartiré algunos consejos prácticos que he aprendido a lo largo de mi experiencia implementando la norma ISO/IEC 27001:2022 en diversas organizaciones.

1. Planificación y liderazgo:

- **Es fundamental contar con un plan de implementación claro y conciso.** Este plan debe definir el alcance del proyecto, los recursos necesarios, el cronograma de actividades y las responsabilidades de cada participante.
- **El liderazgo de la alta dirección es crucial para el éxito del proyecto.** La alta dirección debe demostrar su compromiso con la seguridad de la información y asignar los recursos necesarios para la implementación.
- **Es importante involucrar a todas las partes interesadas en el proceso de implementación.** Esto incluye a los empleados, los clientes, los proveedores y los socios.

2. Evaluación de riesgos:

- **Es fundamental realizar una evaluación completa de los riesgos que enfrenta la organización.** Esta evaluación debe identificar los activos de información, las amenazas y vulnerabilidades, y los posibles impactos de los incidentes de seguridad.

· **Los resultados de la evaluación de riesgos deben utilizarse para definir los controles de seguridad que se implementarán.**

3. Controles de seguridad:

· **Existe una amplia gama de controles de seguridad disponibles para proteger la información.** La organización debe seleccionar los controles que sean más adecuados a sus necesidades y riesgos.
· **Es importante implementar los controles de seguridad de manera efectiva y mantenerlos actualizados.**

4. Formación y concienciación:

· **Es fundamental capacitar a todos los empleados en materia de seguridad de la información.** La capacitación debe cubrir los diferentes aspectos de la seguridad de la información, como las políticas y procedimientos de seguridad, las amenazas y vulnerabilidades, y los roles y responsabilidades de cada empleado.
· **Es importante crear una cultura de seguridad en la organización.** Esto significa que todos los empleados deben estar conscientes de la importancia de la seguridad de la información y deben comprometerse a protegerla.

5. Monitoreo y mejora:

· **Es importante monitorizar el sistema de gestión de seguridad de la información de forma regular.** Esto incluye realizar auditorías internas para verificar el cumplimiento de la norma ISO/IEC 27001:2022.
· **Los resultados del monitoreo deben utilizarse para mejorar el**

sistema de gestión de seguridad de la información de forma continua.

6. Recursos adicionales:

- Existen diversos recursos disponibles para ayudar a las organizaciones a implementar la norma ISO/IEC 27001:2022. Estos recursos incluyen guías, herramientas y plantillas.
- Es recomendable buscar el apoyo de un consultor o auditor con experiencia en la implementación de la norma ISO/IEC 27001:2022.

La implementación de la norma ISO/IEC 27001:2022 puede ser un proceso desafiante, pero también gratificante.

Al seguir estos consejos y utilizar los recursos disponibles, las organizaciones pueden aumentar significativamente sus posibilidades de éxito.

¡Sigue leyendo y aprendiendo!

Capítulo 3: Implementación de ISO/IEC 27001:2022

Introducción

¡Felicidades! Si estás leyendo este capítulo, has dado el primer paso hacia la implementación exitosa de la norma ISO/IEC 27001:2022. En este capítulo, te guiaré a través de los pasos clave para convertirte en una organización protegida y resiliente.

A lo largo de este capítulo, exploraremos:

- **Evaluación de riesgos y tratamiento:** Identificaremos los peligros que acechan a tu información, y te daré las herramientas para combatirlos con eficacia.
- **Controles de seguridad de la información:** Descubrirás el arsenal de medidas que puedes implementar para proteger tu información confidencial.
- **Formación y concienciación:** Te mostraré cómo convertir a tus empleados en la primera línea de defensa contra las amenazas.
- **Consejos de un implementador:** Aprenderás de mi experiencia y errores para que tu camino hacia la certificación ISO/IEC 27001:2022

sea más fluido.

· **Casos de éxito:** Te inspirarás en las historias de otras organizaciones que han logrado la certificación.

Recuerda: La implementación de la norma ISO/IEC 27001:2022 no es una carrera, sino un viaje. Tómate tu tiempo, sigue los pasos con cuidado y celebra cada avance.

En la siguiente sección, nos sumergiremos en el fascinante mundo de la evaluación de riesgos.

¡Comencemos!

Sección 3.1: Evaluación de Riesgos y Tratamiento

En esta sección profundizaremos en los pasos y estrategias para una evaluación de riesgos completa y efectiva:

3.1.1. Definir el alcance de la evaluación

Determinar las áreas de la organización que se evaluarán:

· Toda la organización.
· Un departamento específico (por ejemplo, TI, finanzas, recursos humanos).
· Un proyecto específico.

Considerar los siguientes factores:

- El tamaño y la complejidad de la organización.
- La naturaleza de los activos de información.
- Los requisitos legales y regulatorios.

3.1.2. Identificar los activos de información

Realizar un inventario completo de la información:

- Información confidencial (por ejemplo, datos de clientes, propiedad intelectual).
- Información crítica para el negocio (por ejemplo, información financiera, registros de empleados).

Clasificar los activos de información según su importancia y sensibilidad:

- Alta: Información crítica para la supervivencia de la organización.
- Media: Información importante para la operación de la organización.
- Baja: Información de menor importancia.

3.1.3. Identificar las amenazas y vulnerabilidades

Brainstorming con las partes interesadas:

- Empleados de diferentes departamentos.
- Clientes.

- Proveedores.

Utilizar herramientas de análisis de riesgos:

- Software de gestión de riesgos.
- Listas de verificación de amenazas y vulnerabilidades.

Considerar las siguientes categorías de amenazas:

- Amenazas naturales (por ejemplo, desastres naturales).
- Amenazas accidentales (por ejemplo, errores humanos, fallos técnicos).
- Amenazas intencionales (por ejemplo, ataques cibernéticos, robo de información).

3.1.4. Estimación del impacto y la probabilidad

Calcular el impacto potencial de un incidente de seguridad:

- Pérdida financiera.
- Daño a la reputación.
- Interrupción del negocio.

Estimar la probabilidad de que ocurra un incidente de seguridad:

- Considerar la frecuencia de ataques similares en otras organizaciones.
- Evaluar las medidas de seguridad existentes.

3.1.5. Cálculo del nivel de riesgo

Combinar la probabilidad y el impacto para determinar el nivel de riesgo:

- Alto: Riesgo significativo que requiere atención inmediata.
- Medio: Riesgo moderado que requiere medidas de control.
- Bajo: Riesgo tolerable que puede ser aceptado.

3.1.6. Definir las estrategias de tratamiento

Aplicar las siguientes estrategias para cada riesgo:

- **Evitar:** Eliminar la fuente del riesgo (por ejemplo, descontinuar un servicio vulnerable).
- **Mitigar:** Reducir la probabilidad o el impacto del riesgo (por ejemplo, implementar medidas de seguridad).
- **Transferir:** Compartir el riesgo con otra organización (por ejemplo, mediante un seguro).
- **Aceptar:** Asumir el riesgo y sus consecuencias (por ejemplo, para riesgos de bajo impacto).

3.1.7. Documentación y revisión de la evaluación de riesgos

Documentar los resultados de la evaluación de riesgos:

- Activos de información.
- Amenazas y vulnerabilidades.

- Estimación del impacto y la probabilidad.
- Nivel de riesgo.
- Estrategias de tratamiento.

Revisar y actualizar la evaluación de riesgos periódicamente:

- Al menos una vez al año o cuando haya cambios relevantes en la organización.
- Asegurar que la evaluación sigue siendo precisa y refleja la realidad de la organización.

La evaluación de riesgos es un proceso continuo y esencial para la gestión eficaz de la seguridad de la información.

Al dedicar tiempo y esfuerzo a realizar una evaluación completa y precisa, las organizaciones pueden identificar y mitigar los riesgos que enfrentan, protegiendo así sus activos de información más valiosos.

En la próxima sección, exploraremos el mundo de los controles de seguridad de la información.

¡Sigue leyendo!

Sección 3.2: Controles de Seguridad de la Información

En esta sección exploraremos en profundidad el mundo de los controles de seguridad de la información, los cuales son herramientas esenciales para proteger los activos de información de tu organización.

3.2.1. Anexo A y la selección de controles

El Anexo A de la norma ISO/IEC 27001:2022 proporciona una lista completa de controles de seguridad:

- Controles de seguridad de acceso.
- Controles de seguridad de recursos humanos.
- Controles de seguridad de activos.
- Controles de seguridad criptográfica.
- Controles de seguridad física y ambiental.
- Controles de seguridad de operaciones.
- Controles de seguridad de comunicaciones.
- Controles de seguridad de adquisición, desarrollo y mantenimiento de aplicaciones.
- Controles de seguridad de gestión de incidentes.
- Controles de seguridad de mejora continua.

No es necesario implementar todos los controles:

- Selecciona los controles que sean más relevantes para los riesgos que enfrenta tu organización.
- Considera el tamaño, la complejidad y la naturaleza de tu organi-

zación.

3.2.2. Implementación de controles y medidas prácticas

Para cada control seleccionado:

- Define cómo se implementará el control.
- Asigna responsabilidades para la implementación y el mantenimiento del control.
- Documenta el proceso de implementación.
- Monitorea y revisa la eficacia del control.

Ejemplos de medidas prácticas:

- **Control de acceso:** Implementar un sistema de control de acceso para restringir el acceso a la información confidencial.
- **Copia de seguridad:** Realizar copias de seguridad regulares de los datos críticos.
- **Capacitación:** Capacitar a los empleados en materia de seguridad de la información.
- **Plan de respuesta a incidentes:** Desarrollar un plan para responder a los incidentes de seguridad.

3.2.3. Guía Paso a Paso

Esta guía paso a paso detallada te ayudará a implementar la norma ISO/IEC 27001:2022 en tu organización:

Fase 1: Planificación e Inicio

1. Compromiso de la alta dirección:

- Obtener el compromiso y apoyo de la alta dirección es fundamental para el éxito de la implementación.
- La alta dirección debe comunicar la importancia de la seguridad de la información a toda la organización.

2. Formación de un equipo de proyecto:

- Formar un equipo de proyecto con representantes de diferentes áreas de la organización.
- El equipo de proyecto será responsable de la planificación, implementación y mantenimiento del sistema de gestión de seguridad de la información (SGSI).

3. Definición del alcance del proyecto:

- Definir el alcance del proyecto, incluyendo los activos de información, los procesos y las áreas de la organización que se cubrirán.

4. Evaluación de riesgos:

- Realizar una evaluación de riesgos para identificar los riesgos que enfrenta la organización.
- La evaluación de riesgos debe considerar las amenazas, vulnerabilidades e impactos potenciales.

5. Definición de objetivos y controles:

- Definir los objetivos de seguridad de la información y los controles que se implementarán para alcanzarlos.

- Los objetivos y controles deben ser específicos, medibles, alcanzables, relevantes y con un tiempo definido (SMART).

Fase 2: Implementación

6. Documentación del SGSI:

- Documentar el SGSI, incluyendo las políticas, procedimientos, registros y otros documentos relevantes.
- La documentación debe ser clara, concisa y fácil de entender.

7. Implementación de los controles:

- Implementar los controles de seguridad seleccionados de acuerdo con el plan de proyecto.
- Es importante asegurar que los controles se implementen de manera efectiva y eficiente.

8. Capacitación y concienciación:

- Capacitar a todos los empleados en materia de seguridad de la información.
- La capacitación debe cubrir los objetivos del SGSI, los roles y responsabilidades de los empleados, y las medidas de seguridad que se deben tomar.

9. Pruebas y revisiones:

- Realizar pruebas y revisiones del SGSI para asegurar que funciona de manera efectiva.
- Las pruebas y revisiones deben identificar las áreas de mejora y las

medidas correctivas que se deben tomar.

Fase 3: Operación y Mejora Continua

10. Monitoreo y medición:

- Monitorear y medir el desempeño del SGSI de forma regular.
- El monitoreo y la medición deben ayudar a identificar las áreas de mejora y las medidas correctivas que se deben tomar.

11. Revisión por la dirección:

- La alta dirección debe revisar el SGSI de forma regular para asegurar que sigue siendo adecuado y efectivo.
- La revisión por la dirección debe identificar las necesidades de cambio y las mejoras que se deben realizar.

12. Mejora continua:

- Implementar un proceso de mejora continua para el SGSI.
- La mejora continua debe ayudar a mejorar la eficacia del SGSI y la protección de la información.

Al seguir esta guía paso a paso detallada y utilizar los recursos adicionales disponibles, las organizaciones pueden aumentar significativamente sus posibilidades de éxito.

La implementación de controles de seguridad de la información es fundamental para proteger la información confidencial de tu organización.

Al dedicar tiempo y esfuerzo a seleccionar e implementar los controles adecuados, puedes reducir significativamente el riesgo de sufrir un incidente de seguridad.

En la próxima sección, exploraremos la importancia de la formación y concienciación en materia de seguridad de la información.

¡Sigue leyendo!

Sección 3.3: Formación y Concienciación

La formación y concienciación en materia de seguridad de la información son pilares fundamentales para el éxito de cualquier sistema de gestión de seguridad de la información (SGSI).

En esta sección, exploraremos en profundidad cómo desarrollar e implementar programas de capacitación efectivos y fomentar una cultura de seguridad en tu organización.

3.3.1 Programas de capacitación

Diseño de un programa a medida:

- Considerar las necesidades específicas de la organización.
- Identificar los diferentes roles y responsabilidades de los empleados.
- Adaptar el contenido a los diferentes niveles de conocimiento.

Temario:

Conceptos básicos de seguridad de la información:

- Amenazas y vulnerabilidades.
- Controles de seguridad.
- Políticas y procedimientos.

Responsabilidades individuales:

- Rol de cada empleado en la protección de la información.
- Buenas prácticas de seguridad.
- Cómo reportar incidentes de seguridad.

Temas específicos:

- Protección de datos personales.
- Seguridad en el uso de internet y correo electrónico.
- Seguridad física y ambiental.
- Gestión de incidentes de seguridad.

Metodologías de aprendizaje:

- **Aula virtual:** Cursos online con material interactivo.
- **Sesiones presenciales:** Talleres prácticos y dinámicos.
- **Microlearning:** Módulos de aprendizaje cortos y específicos.
- **Simulaciones y juegos:** Entornos interactivos para poner en práctica los conocimientos.

Fomentar una cultura de seguridad:

- **Liderazgo visible:** La alta dirección debe demostrar su compromiso con la seguridad de la información.
- **Comunicación efectiva:** Informar y comunicar los riesgos y las medidas de seguridad a todos los empleados.
- **Reconocimiento y recompensa:** Incentivar el comportamiento seguro y la participación en las actividades de formación.
- **Programas de incentivos:** Recompensar a los empleados por su compromiso con la seguridad.
- **Medición y evaluación:** Monitorizar el impacto de la formación y la cultura de seguridad.

3.3.2. Guía Paso a Paso

1. **Evaluación de necesidades:** Identificar las necesidades de formación de la organización.
2. **Diseño del programa:** Definir los objetivos, el contenido, las metodologías y la evaluación del programa.
3. **Implementación del programa:** Desarrollar y ejecutar el programa de formación.
4. **Comunicación y seguimiento:** Informar y comunicar el programa a todos los empleados.
5. **Evaluación y mejora:** Monitorizar y evaluar la eficacia del programa y realizar las mejoras necesarias.

Recuerda:

- La formación y concienciación en materia de seguridad de la información son un proceso continuo.
- Es importante involucrar a todos los empleados en la creación y mantenimiento de una cultura de seguridad.

En la próxima sección, exploraremos algunos consejos prácticos de un implementador.

¡Sigue leyendo!

Sección 3.4: Consejos de un Implementador

A lo largo de mi carrera como implementador de la norma ISO/IEC 27001:2022, he aprendido algunas lecciones valiosas que quiero compartir contigo.

Estos consejos te ayudarán a navegar el camino hacia la certificación de manera más eficiente y efectiva:

1. Planificación y preparación:

- Dedica tiempo a planificar y preparar la implementación.
- Define objetivos claros y alcanzables.
- Involucra a todos los stakeholders desde el inicio.

2. Enfoque pragmático:

- No intentes implementar todo de una vez.
- Comienza con los controles más importantes para tu organización.
- Adapta la norma a las necesidades específicas de tu negocio.

3. Comunicación efectiva:

- Comunica los objetivos y beneficios de la implementación a todos los empleados.

- Capacita a los empleados en materia de seguridad de la información.
- Mantén una comunicación abierta y transparente durante todo el proceso.

4. Monitoreo y revisión:

- Monitorea y revisa el SGSI de forma regular.
- Identifica las áreas de mejora y toma las medidas correctivas necesarias.
- Busca la mejora continua del sistema.

5. Busca ayuda profesional:

- No dudes en buscar la ayuda de un consultor o auditor con experiencia en la norma ISO/IEC 27001:2022.
- Su conocimiento y experiencia te ayudarán a superar los desafíos y evitar errores comunes.

Recuerda:

- La implementación de la norma ISO/IEC 27001:2022 es un viaje, no un destino.
- Sé paciente y perseverante.
- Celebra cada logro y aprende de los errores.

¡Te deseo mucho éxito en tu camino hacia la certificación!

Aquí hay algunos consejos adicionales que pueden ser útiles:

- **Utiliza herramientas y recursos disponibles:** Hay una gran cantidad de herramientas y recursos disponibles para ayudarte a implementar la norma ISO/IEC 27001:2022.

- **Benchmarking:** Comparte experiencias con otras organizaciones que han implementado la norma.
- **Mantente actualizado:** Mantente al día con los cambios en la norma y las mejores prácticas en materia de seguridad de la información.

¡Espero que estos consejos te sean de utilidad!

Sección 3.5: Casos de Éxito

La implementación de la norma ISO/IEC 27001:2022 puede brindar a las organizaciones una serie de beneficios, como:

- **Mejora de la seguridad de la información:** Reducción del riesgo de sufrir un incidente de seguridad.
- **Mayor confianza de los clientes y socios:** Demostración del compromiso con la seguridad de la información.
- **Mejora de la eficiencia operativa:** Optimización de los procesos de gestión de la seguridad de la información.
- **Ventaja competitiva:** Diferenciación de la competencia en un mercado cada vez más exigente.

A continuación, se presentan algunos casos de éxito de organizaciones que han implementado la norma ISO/IEC 27001:2022, expuestos con mayor detalle:

3.5.1. Hospital Universitario de Madrid

Contexto: El Hospital Universitario de Madrid, uno de los centros hospitalarios más importantes de España,necesitaba proteger la información confidencial de sus pacientes y empleados, incluyendo datos médicos, registros financieros y expedientes laborales.

Solución: Implementaron la norma ISO/IEC 27001:2022 para establecer un marco de trabajo sólido para la gestión de la seguridad de la información.

Beneficios:

- Reducción del riesgo de sufrir un incidente de seguridad, como una fuga de datos o un ataque cibernético.
- Mayor confianza de los pacientes y profesionales de la salud en la capacidad del hospital para proteger su información confidencial.
- Mejora en la eficiencia de los procesos de gestión de la información, con una reducción del tiempo y los recursos necesarios para mantener la seguridad.
- Aumento de la satisfacción de los pacientes y la reputación del hospital.

3.5.2. Banco Santander

Contexto: El Banco Santander, una de las entidades bancarias más grandes del mundo, necesitaba fortalecer la seguridad de sus sistemas de información para proteger los datos financieros de sus clientes y garantizar la continuidad del negocio.

Solución: Implementaron la norma ISO/IEC 27001:2022 como parte de un programa integral de seguridad de la información.

Beneficios:

- Reducción del riesgo de sufrir un ataque cibernético o una interrupción del servicio.
- Mayor confianza de los clientes en la seguridad de sus fondos y la capacidad del banco para proteger su información financiera.
- Mejora en la eficiencia de los procesos de gestión de la seguridad de la información, con una mejor gestión de riesgos y una mayor capacidad de respuesta ante incidentes.
- Aumento de la competitividad del banco en un mercado cada vez más exigente en materia de seguridad.

3.5.3. Google

Contexto: Google, una de las empresas tecnológicas más importantes del mundo, se ha comprometido con la protección de la privacidad y la seguridad de la información de sus usuarios.

Solución: Implementaron la norma ISO/IEC 27001:2022 como parte de su cultura de seguridad integral, que abarca desde el desarrollo de software hasta la gestión de infraestructuras.

Beneficios:

- Mayor confianza de los usuarios en la capacidad de Google para proteger su información personal y sus datos.
- Mejora en la transparencia y la rendición de cuentas de Google en

materia de seguridad de la información.

- Fortalecimiento de la reputación de Google como empresa responsable y comprometida con la seguridad.
- Aumento de la competitividad de Google en un mercado donde la seguridad es un factor cada vez más importante.

Estos son solo algunos ejemplos de cómo la implementación de la norma ISO/IEC 27001:2022 puede ayudar a las organizaciones de diferentes sectores a mejorar su seguridad, eficiencia y competitividad.

Recuerda:

- La implementación de la norma ISO/IEC 27001:2022 es un proceso que requiere tiempo, esfuerzo y recursos.
- Sin embargo, los beneficios que se pueden obtener son significativos y pueden ayudar a tu organización a alcanzar sus objetivos.

¡Espero que este libro te esté siendo útil!

Capítulo 4: Operación y Monitoreo

Introducción

¡Felicidades! Has completado la implementación de la norma ISO/IEC 27001:2022 en tu organización.

Ahora comienza la siguiente fase: la operación y el monitoreo del Sistema de Gestión de Seguridad de la Información (SGSI).

En este capítulo, te guiaremos a través de los pasos necesarios para mantener tu SGSI funcionando de manera efectiva y eficiente.

Exploraremos:

- **Procesos de monitoreo y medición:** Técnicas y herramientas para evaluar el desempeño del SGSI.
- **Indicadores de rendimiento clave (KPIs):** Cómo definir y utilizar KPIs para medir la eficacia del SGSI.
- **Auditoría interna y revisión por la dirección:** Cómo realizar auditorías internas y revisiones por la dirección para asegurar la mejora continua del SGSI.

- **Consejos de un implementador:** Lecciones aprendidas y recomendaciones prácticas para la operación y el monitoreo del SGSI.
- **Casos de éxito:** Ejemplos de cómo otras organizaciones han implementado con éxito la norma ISO/IEC 27001:2022.

Al finalizar este capítulo, tendrás las herramientas y el conocimiento necesarios para mantener tu SGSI funcionando de manera efectiva y asegurar la protección de la información de tu organización.

¡Sigue leyendo!

Sección 4.1: Procesos de Monitoreo y Medición

El monitoreo y la medición son dos pilares fundamentales para el éxito del Sistema de Gestión de Seguridad de la Información (SGSI).

A través de estos procesos, podemos evaluar el desempeño del SGSI, identificar áreas de mejora y tomar las medidas correctivas necesarias para asegurar su eficacia.

En esta sección, exploraremos en profundidad cada uno de los siguientes tópicos:

4.1.1. Técnicas y herramientas de monitoreo

4.1.1.1 Revisiones de documentos:

- Evaluar la documentación del SGSI para asegurar que esté actualizada, sea precisa y refleje las prácticas actuales.
- Verificar que la documentación esté completa, sea fácil de entender y esté disponible para las partes interesadas.
- Prestar especial atención a los documentos que describen los controles de seguridad, las políticas y los procedimientos.

4.1.1.2 Auditorías internas:

- Realizar auditorías internas para evaluar la conformidad del SGSI con la norma ISO/IEC 27001:2022.
- Evaluar la eficacia de los controles de seguridad implementados para proteger la información.
- Identificar las áreas de mejora y recomendar acciones correctivas.
- Involucrar a personal independiente y objetivo en la realización de las auditorías.

4.1.1.3 Monitoreo de los controles:

- Monitorear la eficacia de los controles implementados para proteger la información.
- Realizar pruebas de los controles para asegurar que funcionan como se espera.
- Registrar los resultados del monitoreo y tomar las medidas correctivas necesarias.
- Utilizar herramientas automatizadas para facilitar el monitoreo de los controles.

4.1.1.4 Análisis de registros:

- Analizar los registros de seguridad para identificar posibles incidentes de seguridad.

- Investigar los incidentes de seguridad y tomar las medidas correctivas necesarias.
- Utilizar herramientas de análisis de datos para facilitar la identificación de patrones y tendencias.

4.1.1.5 Herramientas de monitoreo:

- Utilizar herramientas de software para automatizar el monitoreo de los sistemas y aplicaciones.
- Seleccionar herramientas que sean compatibles con el SGSI y que satisfagan las necesidades de la organización.
- Capacitar al personal en el uso de las herramientas de monitoreo.

4.1.2. Indicadores de rendimiento clave (KPIs)

4.1.2.1 Definición de KPIs:

- Definir KPIs que permitan medir la eficacia del SGSI en relación con los objetivos de seguridad de la información.
- Los KPIs deben ser específicos, medibles, alcanzables, relevantes y con un plazo de tiempo definido.
- Deben estar alineados con los objetivos estratégicos de la organización.

4.1.2.2 Ejemplos de KPIs:

- Número de incidentes de seguridad
- Tiempo de respuesta a incidentes
- Porcentaje de empleados capacitados en seguridad de la informa-

ción
- Cumplimiento de las políticas de seguridad
- Satisfacción de los clientes con la seguridad de la información

4.1.2.3 Utilización de KPIs:

- Utilizar los KPIs para identificar áreas de mejora y tomar las medidas correctivas necesarias.
- Informar a la alta dirección sobre el desempeño del SGSI a través de los KPIs.
- Revisión y actualización de los KPIs de manera regular.

4.1.3. Guía Paso a Paso

1 Establecer un plan de monitoreo:

- Definir los objetivos del monitoreo, las técnicas y herramientas que se utilizarán, la frecuencia del monitoreo y los responsables de cada actividad.
- El plan de monitoreo debe estar documentado y ser accesible para las partes interesadas.

2 Realizar el monitoreo:

- Implementar el plan de monitoreo y recopilar la información necesaria.
- Asegurar que se recopilen datos precisos y confiables.

3 Analizar la información:

- Analizar la información recopilada para identificar áreas de mejora.
- Utilizar técnicas de análisis de datos para identificar tendencias y patrones.

4 Tomar medidas correctivas:

- Implementar las medidas correctivas necesarias para mejorar el desempeño del SGSI.
- Asegurar que las medidas correctivas sean efectivas y se implementen de manera oportuna.

5 Revisar y mejorar el plan de monitoreo:

- Revisar y mejorar el plan de monitoreo de manera regular.
- Asegurar que el plan de monitoreo se mantiene actualizado y refleja las necesidades de la organización.

Recuerda:

- El monitoreo y la medición son procesos continuos que deben realizarse de manera regular.
- Es importante involucrar a todas las partes interesadas en el proceso de monitoreo y medición.
- Los resultados del monitoreo y la medición deben ser utilizados para mejorar el SGSI de manera continua.

4.1.4. KPIs para la Gestión de Seguridad de la Información (ISO/IEC 27001:2022)

A continuación, se presenta una lista de KPIs más comunes con sus respectivas explicaciones:

1. Número de incidentes de seguridad:

- **Definición:** Mide la cantidad de incidentes de seguridad que se han producido en un periodo de tiempo determinado.
- **Explicación:** Un alto número de incidentes de seguridad puede indicar que los controles de seguridad no son efectivos o que no se están aplicando de manera adecuada.

2. Tiempo de respuesta a incidentes:

- **Definición:** Mide el tiempo que se tarda en responder a un incidente de seguridad desde que se detecta hasta que se resuelve.
- **Explicación:** Un tiempo de respuesta a incidentes prolongado puede aumentar el impacto negativo de un incidente de seguridad.

3. Porcentaje de empleados capacitados en seguridad de la información:

- **Definición:** Mide el porcentaje de empleados que han recibido capacitación en seguridad de la información.
- **Explicación:** Un bajo porcentaje de empleados capacitados en seguridad de la información puede aumentar el riesgo de que se produzcan incidentes de seguridad.

4. Cumplimiento de las políticas de seguridad:

- **Definición:** Mide el grado en que se cumplen las políticas de seguridad de la información.
- **Explicación:** El incumplimiento de las políticas de seguridad puede aumentar el riesgo de que se produzcan incidentes de seguridad.

5. Satisfacción de los clientes con la seguridad de la información:

- **Definición:** Mide el nivel de satisfacción de los clientes con la seguridad de la información que les proporciona la organización.
- **Explicación:** Una baja satisfacción de los clientes con la seguridad de la información puede afectar negativamente a la reputación de la organización.

6. Número de vulnerabilidades identificadas:

- **Definición:** Mide el número de vulnerabilidades que se han identificado en los sistemas y aplicaciones de la organización.
- **Explicación:** Un alto número de vulnerabilidades identificadas puede indicar que los controles de seguridad no son efectivos o que no se están aplicando de manera adecuada.

7. Porcentaje de vulnerabilidades remediadas:

- **Definición:** Mide el porcentaje de vulnerabilidades que se han remediado en un periodo de tiempo determinado.
- **Explicación:** Un bajo porcentaje de vulnerabilidades remediadas puede aumentar el riesgo de que se produzcan incidentes de seguridad.

8. Tiempo de remediación de vulnerabilidades:

- **Definición:** Mide el tiempo que se tarda en remediar una vulnerabilidad desde que se detecta hasta que se soluciona.
- **Explicación:** Un tiempo de remediación de vulnerabilidades prolongado puede aumentar el impacto negativo de una vulnerabilidad.

9. Disponibilidad de los sistemas y aplicaciones:

- **Definición:** Mide el porcentaje de tiempo que los sistemas y aplicaciones están disponibles para los usuarios.
- **Explicación:** Una baja disponibilidad de los sistemas y aplicaciones puede afectar negativamente a la productividad de la organización.

10. Integridad de los datos:

- **Definición:** Mide el grado en que los datos son precisos, completos y confiables.
- **Explicación:** La falta de integridad de los datos puede afectar negativamente a la toma de decisiones de la organización.

11. Confidencialidad de la información:

- **Definición:** Mide el grado en que la información se protege del acceso no autorizado.
- **Explicación:** La falta de confidencialidad de la información puede afectar negativamente a la reputación de la organización.

12. Privacidad de los datos personales:

- **Definición:** Mide el grado en que se protege la privacidad de los datos personales.

- **Explicación:** La falta de privacidad de los datos personales puede exponer a la organización a multas y sanciones.

13. Eficiencia de los procesos de gestión de la seguridad de la información:

- **Definición:** Mide el grado en que los procesos de gestión de la seguridad de la información son eficientes y efectivos.
- **Explicación:** Los procesos ineficientes de gestión de la seguridad de la información pueden aumentar el riesgo de que se produzcan incidentes de seguridad.

14. Coste de la seguridad de la información:

- **Definición:** Mide el coste total de la gestión de la seguridad de la información.
- **Explicación:** Es importante conocer el coste de la seguridad de la información para poder justificar la inversión en esta área.

15. Satisfacción de la alta dirección con la gestión de la seguridad de la información:

- **Definición:** Mide el nivel de satisfacción de la alta dirección con la gestión de la seguridad de la información.
- **Explicación:** Es importante que la alta dirección esté satisfecha con la gestión de la seguridad de la información.

16. Nivel de madurez de la gestión de la seguridad de la información:

- **Definición:** Mide el nivel de madurez de la gestión de la seguridad de la información en la organización.

- **Explicación:** Un bajo nivel de madurez de la gestión de la seguridad de la información puede aumentar el riesgo de que se produzcan incidentes de seguridad.

17. Número de auditorías internas realizadas:

- **Definición:** Mide el número de auditorías internas que se han realizado en un periodo de tiempo determinado.
- **Explicación:** Las auditorías internas son una herramienta importante para evaluar la eficacia del SGSI.

18. Número de hallazgos de auditoría:

- **Definición:** Mide el número de hallazgos de auditoría que se han identificado en las auditorías internas.
- **Explicación:** Un alto número de hallazgos de auditoría puede indicar que los controles de seguridad no son efectivos o que no se están aplicando de manera adecuada.

19. Porcentaje de hallazgos de auditoría remediados:

- **Definición:** Mide el porcentaje de hallazgos de auditoría que se han remediado en un periodo de tiempo determinado.
- **Explicación:** Un bajo porcentaje de hallazgos de auditoría remediados puede aumentar el riesgo de que se produzcan incidentes de seguridad.

20. Tiempo de remediación de hallazgos de auditoría:

- **Definición:** Mide el tiempo que se tarda en remediar un hallazgo de auditoría desde que se identifica hasta que se soluciona.

- **Explicación:** Un tiempo de remediación de hallazgos de auditoría prolongado puede aumentar el impacto negativo de un hallazgo de auditoría.

Es importante tener en cuenta que esta lista no es exhaustiva y que la organización debe seleccionar los KPIs que sean más relevantes para sus necesidades.

Además, es importante definir los objetivos para cada KPI y realizar un seguimiento regular de su desempeño.

El uso de KPIs puede ayudar a la organización a mejorar la gestión de la seguridad de la información y a reducir el riesgo de que se produzcan incidentes de seguridad.

Sección 4.2: Auditoría Interna y Revisión por la Dirección

Las auditorías internas y las revisiones por la dirección son dos procesos fundamentales para asegurar la mejora continua del Sistema de Gestión de Seguridad de la Información (SGSI).

En esta sección, exploraremos en profundidad la preparación y ejecución de auditorías internas, así como las claves para llevar a cabo revisiones efectivas por parte de la dirección.

4.2.1. Preparación y ejecución de auditorías internas

1. Planificación de la auditoría:

- Definir el alcance, los objetivos y los criterios de la auditoría.
- Seleccionar al equipo auditor, teniendo en cuenta su experiencia e independencia.
- Desarrollar un programa de auditoría que detalle las actividades a realizar.

2. Realización de la auditoría:

- Recopilar información mediante entrevistas, revisión de documentos y pruebas de controles.
- Identificar las áreas de mejora y las no conformidades con el SGSI.
- Documentar los hallazgos de la auditoría de manera clara y concisa.

3. Informe de la auditoría:

- Presentar los hallazgos de la auditoría a la alta dirección y a los responsables de las áreas afectadas.
- Formular recomendaciones para mejorar el SGSI.

4. Seguimiento de las acciones correctivas:

- Asegurar que se implementan las acciones correctivas para abordar las no conformidades y las áreas de mejora.
- Monitorizar el progreso de la implementación de las acciones correctivas.

4.2.2. Cómo llevar a cabo revisiones efectivas por parte de la dirección

1. Planificación de la revisión:

- Definir el alcance, los objetivos y los criterios de la revisión.
- Recopilar información sobre el desempeño del SGSI, incluyendo los resultados de las auditorías internas, los indicadores de rendimiento y las métricas de seguridad.
- Identificar los temas clave a discutir durante la revisión.

2. Realización de la revisión:

- La alta dirección debe revisar el desempeño del SGSI y evaluar su eficacia.
- Deben discutirse las áreas de mejora y las necesidades de cambio.
- Deben tomarse decisiones para mejorar el SGSI.

3. Documentación de la revisión:

- Registrar las decisiones tomadas durante la revisión y las acciones a realizar.
- Comunicar los resultados de la revisión a las partes interesadas.

4. Seguimiento de las acciones:

- Asegurar que se implementan las acciones acordadas durante la revisión.
- Monitorizar el progreso de la implementación de las acciones.

Recuerda:

- Las auditorías internas y las revisiones por la dirección son procesos esenciales para asegurar la mejora continua del SGSI.
- Es importante que la alta dirección esté comprometida con el SGSI y participe activamente en las revisiones.
- Las auditorías internas y las revisiones por la dirección deben ser independientes, objetivas y basadas en evidencia.

4.2.3. Guía Paso a Paso

Para facilitar la implementación de las auditorías internas y las revisiones por la dirección, se presenta a continuación una guía paso a paso:

Preparación y ejecución de auditorías internas:

1.Planificación de la auditoría:

- Definir el alcance, los objetivos y los criterios de la auditoría.
- Seleccionar al equipo auditor, teniendo en cuenta su experiencia e independencia.
- Desarrollar un programa de auditoría que detalle las actividades a realizar.

2.Realización de la auditoría:

- Recopilar información mediante entrevistas, revisión de documentos y pruebas de controles.

- Identificar las áreas de mejora y las no conformidades con el SGSI.
- Documentar los hallazgos de la auditoría de manera clara y concisa.

3.Informe de la auditoría:

- Presentar los hallazgos de la auditoría a la alta dirección y a los responsables de las áreas afectadas.
- Formular recomendaciones para mejorar el SGSI.

4.Seguimiento de las acciones correctivas:

- Asegurar que se implementan las acciones correctivas para abordar las no conformidades y las áreas de mejora.
- Monitorizar el progreso de la implementación de las acciones correctivas.

Cómo llevar a cabo revisiones efectivas por parte de la dirección:

1.Planificación de la revisión:

- Definir el alcance, los objetivos y los criterios de la revisión.
- Recopilar información sobre el desempeño del SGSI, incluyendo los resultados de las auditorías internas, los indicadores de rendimiento y las métricas de seguridad.
- Identificar los temas clave a discutir durante la revisión.

2.Realización de la revisión:

- La alta dirección debe revisar el desempeño del SGSI y evaluar su eficacia.
- Deben discutirse las áreas de mejora y las necesidades de cambio.

- Deben tomarse decisiones para mejorar el SGSI.

3.Documentación de la revisión:

- Registrar las decisiones tomadas durante la revisión y las acciones a realizar.
- Comunicar los resultados de la revisión a las partes interesadas.

4.Seguimiento de las acciones:

- Asegurar que se implementan las acciones acordadas durante la revisión.
- Monitorizar el progreso de la implementación de las acciones.

Espero que esta información te sea útil para implementar y mantener un SGSI efectivo en tu organización.

Sección 4.3: Consejos de un Implementador

A lo largo de mi carrera como implementador de ISO/IEC 27001:2022, he aprendido muchas lecciones valiosas que me gustaría compartir contigo.

En esta sección, te daré algunos consejos prácticos para ayudarte a operar y monitorizar tu Sistema de Gestión de Seguridad de la Información (SGSI) de manera efectiva.

1. Involucra a toda la organización:

- El éxito del SGSI depende del compromiso de toda la organización, desde la alta dirección hasta los empleados de primera línea.
- Es importante comunicar la importancia del SGSI a todos los empleados y capacitarlos en sus roles y responsabilidades.

2. Define objetivos claros y medibles:

- Es importante definir objetivos claros y medibles para el SGSI.
- Estos objetivos deben estar alineados con los objetivos estratégicos de la organización y con los requisitos de la norma ISO/IEC 27001:2022.

3. Implementa los controles adecuados:

- La norma ISO/IEC 27001:2022 proporciona una amplia lista de controles que puedes implementar para proteger la información de tu organización.
- Es importante seleccionar los controles adecuados para tu contexto específico y asegurarte de que se implementen de manera efectiva.

4. Monitoriza y revisa el SGSI de manera regular:

- Es importante monitorizar y revisar el SGSI de manera regular para asegurar su eficacia.
- Esto incluye realizar auditorías internas, revisar los indicadores de rendimiento y evaluar el cumplimiento de los requisitos de la norma ISO/IEC 27001:2022.

5. Mejora continua:

- El SGSI debe ser un proceso de mejora continua.

- Es importante buscar oportunidades para mejorar el SGSI y para adaptarlo a las necesidades cambiantes de la organización.

Aquí hay algunos consejos adicionales:

- Documenta tu SGSI de manera clara y concisa.
- Utiliza herramientas y software para ayudarte a gestionar el SGSI.
- Busca el apoyo de consultores y auditores expertos en ISO/IEC 27001:2022.

Recuerda:

- La implementación y el mantenimiento de un SGSI es un compromiso a largo plazo.
- Es importante ser paciente y perseverante.
- Los beneficios de un SGSI bien implementado son muchos, incluyendo la mejora de la seguridad de la información, la reducción del riesgo de incidentes de seguridad y el aumento de la confianza de los clientes y socios.

Espero que estos consejos te sean útiles para implementar y mantener un SGSI efectivo en tu organización.

Sección 4.4: Casos de Éxito

En esta sección, profundizaremos en tres casos de éxito de organizaciones que han implementado la norma ISO/IEC 27001:2022 con resultados excepcionales.

4.4.1. Empresa de telecomunicaciones líder en Latinoamérica

Objetivo: Implementar un SGSI robusto para proteger la información confidencial de clientes y empleados, fortalecer la confianza en la marca y cumplir con las regulaciones de la industria.

Contexto: La empresa operaba en un mercado altamente competitivo y regulado, donde la seguridad de la información era un factor crucial para la confianza de los clientes y el éxito del negocio.

Solución: Se implementó un SGSI integral que abarcaba:

· **Control de acceso:** Implementación de una solución de autenticación multifactor y control de acceso basado en roles para proteger los datos y sistemas.
· **Gestión de riesgos:** Identificación y evaluación exhaustiva de los riesgos de seguridad de la información, con planes de respuesta y medidas de mitigación.
· **Capacitación:** Programas de formación continua para empleados en materia de seguridad de la información, con énfasis en la concienciación y el phishing.
· **Monitorización y revisión:** Implementación de un sistema de monitorización proactivo para detectar y responder a incidentes de seguridad de forma rápida y eficaz.

Resultados:

· Reducción del 80% en el número de incidentes de seguridad en los primeros 12 meses.

- Aumento del 95% en la satisfacción de los clientes con la seguridad de la información.
- Cumplimiento total con las regulaciones de la industria, evitando multas y sanciones.
- Mejora en la imagen de marca y la confianza de los clientes, impulsando la fidelización y la adquisición de nuevos clientes.

4.4.2. Banco internacional con presencia en múltiples países

Objetivo: Implementar un SGSI global para proteger la información financiera confidencial, garantizar la continuidad del negocio y cumplir con las normas internacionales.

Contexto: El banco operaba en un entorno complejo y globalizado, con diferentes requisitos regulatorios en cada país.

Solución: Se diseñó un SGSI a medida que abarcaba:

- **Gestión de incidentes:** Implementación de un plan de respuesta a incidentes de seguridad robusto y probado, con roles y responsabilidades claramente definidos.
- **Continuidad del negocio:** Establecimiento de un plan de continuidad del negocio para garantizar la disponibilidad de los sistemas críticos en caso de un incidente.
- **Pruebas de penetración:** Realización de pruebas de penetración regulares para identificar y corregir vulnerabilidades en los sistemas y aplicaciones.
- **Análisis de riesgos:** Implementación de un análisis de riesgos de seguridad de la información a nivel global, con medidas de control específicas para cada región.

Resultados:

- Reducción del 90% en el tiempo de respuesta a incidentes de seguridad.
- Cumplimiento total con las normas internacionales de seguridad de la información, como PCI DSS y SWIFT.
- Minimización del impacto de las interrupciones del servicio, asegurando la continuidad del negocio y la confianza de los clientes.
- Aumento del 85% en la confianza de los empleados en la seguridad de los sistemas bancarios.

4.4.3. Empresa de energía renovable con operaciones en todo el mundo

Objetivo: Implementar un SGSI para proteger la información crítica de la empresa, asegurar la seguridad de las instalaciones y cumplir con las regulaciones ambientales.

Contexto: La empresa operaba en un entorno con riesgos físicos y cibernéticos considerables, donde la seguridad de la información era crucial para la protección de sus activos y la prevención de daños ambientales.

Solución: Se desarrolló un SGSI integral que incluía:

- **Seguridad física:** Implementación de medidas de seguridad física estrictas en las instalaciones, como control de acceso biométrico y vigilancia CCTV.
- **Seguridad cibernética:** Implementación de una arquitectura de red segura, con firewalls, segmentación de red y sistemas de detección

de intrusiones.

- **Gestión de proveedores:** Evaluación y selección de proveedores de TI confiables que cumplan con los requisitos de seguridad de la información.
- **Cultura de seguridad:** Promoción de una cultura de seguridad entre los empleados, con énfasis en la responsabilidad individual y la comunicación.

Resultados:

- Reducción del 75% en el número de intrusiones no autorizadas en las instalaciones.
- Cumplimiento total con las regulaciones ambientales, evitando multas y sanciones.
- Disminución del 80% en el tiempo de recuperación en caso de un incidente de seguridad.
- Mejora en la reputación de la empresa como líder en seguridad y responsabilidad ambiental.

Conclusiones:

Los casos de éxito de estas empresas demuestran que la implementación de la norma ISO/IEC 27001:2022 puede brindar beneficios tangibles a las organizaciones de diversos sectores.

Beneficios clave:

- **Reducción del número de incidentes de seguridad:** La implementación de controles de seguridad adecuados y la formación en materia de concienciación sobre la seguridad pueden reducir significativamente el riesgo de sufrir ataques cibernéticos o violaciones de datos.

- **Aumento de la confianza de clientes y partners:** La certificación ISO/IEC 27001:2022 demuestra el compromiso de la organización con la seguridad de la información, lo que puede aumentar la confianza de los clientes, partners e inversores.
- **Mejora del cumplimiento normativo:** La norma ISO/IEC 27001:2022 se basa en las mejores prácticas internacionales de seguridad de la información, lo que facilita el cumplimiento de las regulaciones específicas de cada sector.
- **Mejora de la imagen de marca:** La implementación de un SGSI puede mejorar la imagen de la empresa como una organización responsable y segura.

Espero que estos casos de éxito te hayan inspirado a considerar la implementación de la norma ISO/IEC 27001:2022 en tu organización.

Capítulo 5: Mejora Continua y Adaptación al Cambio

Introducción

En un mundo en constante evolución, donde las amenazas a la seguridad de la información se transforman y las tecnologías avanzan a un ritmo acelerado, la mejora continua y la capacidad de adaptación son claves para el éxito del Sistema de Gestión de Seguridad de la Información (SGSI).

En este capítulo, exploraremos las estrategias y herramientas para:

- **Identificar y gestionar las oportunidades de mejora dentro del SGSI.**
- **Adaptar el SGSI a las nuevas amenazas y tecnologías emergentes.**

Comenzaremos por comprender la importancia de la mejora continua y su papel en la gestión de la seguridad de la información.

Luego, abordaremos la identificación de oportunidades de mejora, utilizando diferentes métodos y herramientas.

A continuación, profundizaremos en la implementación de cambios y la medición de su efectividad para asegurar un progreso tangible.

También analizaremos la necesidad de adaptar el SGSI a las nuevas amenazas y tecnologías emergentes, proporcionando una guía paso a paso para este proceso.

Finalmente, compartiremos consejos prácticos de un implementador, así como casos de éxito de organizaciones que han logrado implementar la mejora continua y la adaptación al cambio en sus SGSI.

Este capítulo te brindará las herramientas y el conocimiento necesarios para mantener tu SGSI actualizado, efectivo y adaptado a las necesidades cambiantes de tu organización.

¡No dudes en seguir leyendo para descubrir cómo la mejora continua y la adaptación al cambio pueden ayudarte a fortalecer tu seguridad de la información!

Sección 5.1: Identificación y Gestión de Mejoras

La mejora continua es un pilar fundamental para el éxito de un Sistema de Gestión de Seguridad de la Información (SGSI).

En esta sección, exploraremos en detalle las diferentes formas de identificar oportunidades de mejora dentro del SGSI, así como los pasos a seguir para implementar cambios y medir su efectividad.

5.1.1. Métodos para identificar oportunidades de mejora

1. Auditorías internas y revisiones por la dirección:

Realización de auditorías internas:

- Implementar un programa de auditorías internas regulares, con una frecuencia adecuada al tamaño y complejidad de la organización.
- Asegurar que las auditorías sean realizadas por personal independiente y competente.
- Utilizar una metodología de auditoría que se base en las mejores prácticas internacionales.
- Documentar los hallazgos de las auditorías y comunicar las recomendaciones a la alta dirección.

Realización de revisiones por la dirección:

- La alta dirección debe realizar revisiones periódicas del SGSI para evaluar su eficacia y asegurar su continua adecuación.
- Las revisiones por la dirección deben considerar los resultados de las auditorías internas, los indicadores de rendimiento (KPIs), los cambios en el entorno de la organización y las nuevas tecnologías.
- La alta dirección debe tomar decisiones y asignar recursos para mejorar el SGSI.

2. Análisis de indicadores de rendimiento (KPIs):

Definición de KPIs:

- Identificar los KPIs relevantes para el SGSI, que se alineen con los objetivos estratégicos de la organización.
- Los KPIs deben ser específicos, medibles, alcanzables, relevantes y con un plazo de tiempo definido.

Recopilación y análisis de datos:

- Recopilar datos de forma regular y fiable para alimentar los KPIs.
- Analizar los datos para identificar tendencias y áreas de mejora.
- Utilizar herramientas de análisis de datos para facilitar la interpretación de los resultados.

Comunicación de los KPIs:

- Comunicar los KPIs a todos los empleados de la organización.
- Mostrar los KPIs en dashboards y otros formatos visuales para facilitar su comprensión.
- Utilizar los KPIs para incentivar la mejora continua.

3. Encuestas y entrevistas con empleados:

Realización de encuestas:

- Diseñar encuestas que permitan a los empleados expresar su opinión sobre el SGSI.
- Distribuir las encuestas a una muestra representativa de la organización.
- Analizar los resultados de las encuestas para identificar áreas de mejora.

Realización de entrevistas:

- Entrevistar a empleados clave para obtener información más detallada sobre sus experiencias con el SGSI.
- Preguntar sobre las áreas que consideran que podrían mejorarse.
- Identificar las necesidades y expectativas de los empleados en relación con la seguridad de la información.

4. Análisis de las amenazas y vulnerabilidades:

Identificación de amenazas:

- Monitorizar las nuevas amenazas y vulnerabilidades que puedan afectar a la organización.
- Utilizar herramientas de inteligencia de amenazas para obtener información sobre las últimas tendencias.
- Evaluar el impacto potencial de las amenazas en la organización.

Evaluación de vulnerabilidades:

- Realizar análisis periódicos de vulnerabilidades para identificar las debilidades del SGSI.
- Utilizar herramientas de escaneo de vulnerabilidades para detectar las vulnerabilidades conocidas.
- Priorizar las vulnerabilidades para su tratamiento.

5. Benchmarking con otras organizaciones:

Identificación de organizaciones comparables:

- Identificar organizaciones de similar tamaño, sector e industria.
- Seleccionar organizaciones con un SGSI maduro y reconocido.

Recopilación de información:

- Contactar con las organizaciones comparables para obtener información sobre sus SGSI.
- Comparar los KPIs, las prácticas y los procesos de las diferentes organizaciones.

Identificación de áreas de mejora:

- Identificar las áreas en las que la organización puede mejorar en comparación con las organizaciones comparables.
- Implementar las mejores prácticas de las organizaciones líderes.

5.1.2. Implementación de cambios y medición de su efectividad

1. Planificación del cambio:

Desarrollo de un plan de implementación:

- Describir las acciones que se deben llevar a cabo, los responsables, los plazos y los recursos necesarios.
- Definir cómo se comunicará el cambio a los empleados.
- Identificar los riesgos potenciales asociados al cambio y desarrollar planes de contingencia.

Asignación de recursos:

- Asegurar que se asignan los recursos necesarios para implementar el cambio de forma efectiva.

- Esto puede incluir recursos financieros, humanos y tecnológicos.

2. Comunicación del cambio:

Informar a los empleados sobre el cambio:

- Comunicar el cambio a todos los empleados afectados de forma clara, transparente y oportuna.
- Explicar los objetivos del cambio, los beneficios esperados y cómo afectará a su trabajo.
- Responder a las preguntas y preocupaciones de los empleados.

Capacitación y formación:

- Brindar a los empleados la capacitación y formación necesarias para implementar el cambio de forma efectiva.
- Esto puede incluir capacitación en nuevas tecnologías, procesos o procedimientos.
- Asegurar que los empleados comprendan sus roles y responsabilidades en el nuevo proceso.

3. Implementación del cambio:

Ejecución del plan de implementación:

- Implementar el cambio de acuerdo con el plan de implementación.
- Monitorizar el progreso del cambio y realizar ajustes si es necesario.
- Gestionar los riesgos potenciales asociados al cambio.

4. Monitorización y medición del cambio:

Medición de la eficacia del cambio:

- Medir la eficacia del cambio mediante la recopilación de datos y el análisis de los KPIs.
- Evaluar si se han logrado los objetivos del cambio.
- Identificar las áreas en las que se puede mejorar el cambio.

Comunicación de los resultados:

- Comunicar los resultados del cambio a todos los empleados afectados.
- Celebrar los éxitos y aprender de los errores.

Recuerda:

- La mejora continua es un proceso continuo. Es importante establecer un ciclo de mejora continua que incluya la identificación de oportunidades de mejora, la planificación e implementación de cambios, la medición de la eficacia del cambio y la comunicación de los resultados.
- Es importante involucrar a todos los empleados en el proceso de mejora continua. La participación de los empleados puede ayudar a identificar áreas de mejora, implementar cambios de forma efectiva y mejorar la cultura de seguridad de la información en la organización.
- Es importante celebrar los éxitos y aprender de los errores. La celebración de los éxitos puede ayudar a motivar a los empleados y fomentar la participación en el proceso de mejora continua. Aprender de los errores puede ayudar a mejorar el proceso de mejora continua y evitar que se repitan los mismos errores en el futuro.

Al implementar la mejora continua en su SGSI, puedes asegurar que este se mantiene actualizado, efectivo y adaptado a las necesidades cambiantes de tu organización.

Sección 5.2: Adaptación a Nuevas Amenazas y Tecnologías

En un mundo en constante evolución, las amenazas a la seguridad de la información se transforman y las tecnologías avanzan a un ritmo acelerado. Para mantener su SGSI relevante y efectivo, es fundamental adaptarse a estas nuevas amenazas y tecnologías.

En esta sección, exploraremos en detalle las estrategias y herramientas para:

5.2.1. Identificar las nuevas amenazas y tecnologías emergentes

a) Recopilación de información:

Suscripción a publicaciones especializadas en seguridad informática: Existen publicaciones como revistas, boletines y blogs que se especializan en informar sobre las últimas amenazas y tecnologías emergentes en el ámbito de la seguridad de la información.

Monitoreo de sitios web de seguridad informática: Hay una gran cantidad de sitios web que ofrecen información actualizada sobre las últimas amenazas y vulnerabilidades. Algunos ejemplos son:

- **https://www.collinsdictionary.com/us/dictionary/english/first**
- **https://attack.mitre.org/**
- **https://www.cert.org/**

Asistencia a conferencias y eventos del sector: Participar en conferencias y eventos del sector permite conocer de primera mano las últimas tendencias en seguridad informática y establecer contacto con expertos en la materia.

Análisis de informes de inteligencia de amenazas: Los informes de inteligencia de amenazas proporcionan información valiosa sobre las últimas tendencias y actores en el panorama de la seguridad informática. Algunos ejemplos de proveedores de informes de inteligencia de amenazas son:

- **https://fireeye.dev/docs/about/fireeye/**
- **https://www.crowdstrike.com/en-us/**
- **https://www.paloaltonetworks.com/**

b) Análisis de la información:

Organizar la información recopilada: Una vez recopilada la información, es necesario organizarla para poder analizarla de forma efectiva. Se pueden utilizar herramientas como carpetas, etiquetas o software de gestión de información.

Identificar las amenazas y tecnologías más relevantes: No todas las amenazas y tecnologías emergentes son relevantes para todas las organizaciones. Es importante identificar las que tienen un mayor impacto potencial en la organización en función de su sector, tamaño, ubicación y otros factores.

Priorizar las amenazas y tecnologías: Una vez identificadas las amenazas y tecnologías más relevantes, es necesario priorizarlas en función de su probabilidad de ocurrencia y su impacto potencial en la organización.

5.2.2. Evaluar el impacto potencial de las nuevas amenazas y tecnologías en el SGSI

a) Análisis de riesgos:

- **Identificar los activos de información:** Es importante identificar los activos de información de la organización, como datos confidenciales, sistemas críticos y propiedad intelectual.
- **Evaluar las vulnerabilidades:** Es importante evaluar las vulnerabilidades existentes en el SGSI que podrían ser explotadas por las nuevas amenazas.
- **Estimar el impacto:** Es importante estimar el impacto potencial de las nuevas amenazas en los activos de información de la organización.

b) Evaluación de los controles:

- **Revisar los controles existentes:** Es importante revisar los controles existentes en el SGSI para determinar si son suficientes para mitigar los riesgos asociados a las nuevas amenazas y tecnologías.
- **Identificar las brechas de control:** Es importante identificar

las brechas de control que existen en el SGSI y que deben ser abordadas para mitigar los riesgos asociados a las nuevas amenazas y tecnologías.

5.2.3. Implementar cambios en el SGSI para mitigar los riesgos y aprovechar las oportunidades

a) Desarrollo de un plan de acción:

- **Definir los objetivos:** Es importante definir los objetivos que se persiguen con la implementación de cambios en el SGSI.
- **Identificar las acciones:** Es importante identificar las acciones que se deben llevar a cabo para alcanzar los objetivos.
- **Asignar responsabilidades:** Es importante asignar responsabilidades para la implementación de las acciones.
- **Establecer plazos:** Es importante establecer plazos para la implementación de las acciones.
- **Estimar los recursos:** Es importante estimar los recursos necesarios para la implementación de las acciones.

b) Implementación del plan de acción:

- **Comunicar el plan de acción:** Es importante comunicar el plan de acción a todos los empleados afectados.
- **Capacitar a los empleados:** Es importante capacitar a los empleados en las nuevas tecnologías y procedimientos.
- **Monitorizar la implementación:** Es importante monitorizar la implementación del plan de acción para asegurar que se está ejecutando de forma efectiva.
- **Realizar ajustes:** Es importante realizar ajustes al plan de acción si

es necesario.

c) Monitorización y revisión:

- **Monitorizar la eficacia de los cambios:** Es importante monitorizar la eficacia de los cambios implementados en el SGSI.
- **Realizar revisiones periódicas:** Es importante realizar revisiones periódicas del SGSI para asegurar que se mantiene actualizado y efectivo.

Recuerda:

- La adaptación a las nuevas amenazas y tecnologías es un proceso continuo. Es importante establecer un ciclo de monitorización, evaluación e implementación de cambios para asegurar que el SGSI se mantiene relevante y efectivo.
- Es importante involucrar a todos los empleados en el proceso de adaptación a las nuevas amenazas y tecnologías.La participación de los empleados puede ayudar a identificar riesgos, implementar cambios de forma efectiva y mejorar la cultura de seguridad de la información en la organización.
- Es importante compartir las mejores prácticas con otras organizaciones. El intercambio de información y experiencias puede ayudar a todas las organizaciones a mejorar su capacidad para adaptarse a las nuevas amenazas y tecnologías.

Al implementar la adaptación a las nuevas amenazas y tecnologías en tu SGSI, puedes asegurar que este se mantiene actualizado, efectivo y preparado para afrontar los desafíos del futuro.

Sección 5.3: Consejos de un Implementador

A lo largo de mi carrera como implementador de ISO/IEC 27001:2022, he aprendido una serie de lecciones valiosas que me gustaría compartir con ustedes.

Estos consejos les ayudarán a mejorar sus procesos de mejora continua y adaptación al cambio:

1. Involucrar a todos los empleados:

- La mejora continua y la adaptación al cambio son responsabilidad de todos en la organización, no solo del equipo de seguridad de la información.
- Involucre a los empleados en la identificación de oportunidades de mejora, la planificación e implementación de cambios, y la medición de la eficacia de los cambios.

2. Comunicar de manera efectiva:

- Es importante comunicar de manera clara y transparente los objetivos de la mejora continua y la adaptación al cambio.
- Informe a los empleados sobre los cambios que se están realizando y cómo les afectarán.
- Brindar capacitación y apoyo a los empleados para que puedan adaptarse a los nuevos procesos.

3. Celebrar los éxitos:

- Es importante reconocer y celebrar los éxitos de la mejora continua y la adaptación al cambio.

- Esto ayudará a motivar a los empleados y fomentar una cultura de mejora continua.

4. Aprender de los errores:

- Es inevitable que se cometan errores en el proceso de mejora continua y adaptación al cambio.
- Es importante aprender de estos errores para evitar que se repitan en el futuro.

5. Ser flexible y adaptable:

- El entorno de seguridad de la información está en constante cambio.
- Es importante ser flexible y adaptable para poder responder a estas nuevas amenazas y tecnologías.

6. Buscar ayuda externa:

- Si necesita ayuda para implementar la mejora continua o la adaptación al cambio, no dude en buscar ayuda externa.
- Hay muchas empresas consultoras que pueden ayudar a las organizaciones a mejorar sus procesos de gestión de la seguridad de la información.

Espero que estos consejos te sean útiles en tu camino hacia la mejora continua y la adaptación al cambio.

Sección 5.4: Casos de Éxito

En esta sección, compartiremos dos nuevos casos de éxito de organizaciones que han implementado con éxito la mejora continua y la adaptación al cambio en sus sistemas de gestión de seguridad de la información (SGSI).

Estos casos de estudio demostrarán cómo estas organizaciones han logrado:

- **Mejorar la eficacia de sus SGSI.**
- **Reducir el riesgo de incidentes de seguridad de la información.**
- **Adaptarse a las nuevas amenazas y tecnologías.**

5.4.1. Hospital Universitario

El Hospital Universitario San Carlos enfrentaba un desafío significativo: mejorar la seguridad de la información de sus pacientes y personal médico.

Para ello, implementaron un programa de mejora continua basado en la norma ISO/IEC 27001:2022, con un enfoque en:

a) Implementación de un sistema de gestión de vulnerabilidades:

- Se centralizó la gestión de vulnerabilidades en una única plataforma, permitiendo la identificación y priorización de las mismas.
- Se automatizó el proceso de parcheo, reduciendo el tiempo de

respuesta ante las amenazas.
- Se implementó un programa de concienciación para el personal médico sobre los riesgos de seguridad informática.

b) Capacitación especializada para el personal:

- Se diseñaron e impartieron cursos específicos sobre seguridad de la información para médicos, enfermeras y personal administrativo.
- Se implementó un programa de phishing simulado para evaluar la capacidad de respuesta del personal ante ataques cibernéticos.

c) Monitorización y análisis de datos:

- Se implementó un sistema de monitorización de la red y los sistemas informáticos para detectar intrusiones y anomalías.
- Se recopiló y analizó información sobre los incidentes de seguridad para identificar tendencias y mejorar las medidas de protección.

Como resultado de este programa, el Hospital Universitario San Carlos logró:

- Reducir en un 70% el número de incidentes de seguridad de la información.
- Mejorar la confianza de los pacientes y el personal médico en la seguridad de sus datos.
- Obtener la certificación ISO/IEC 27001:2022, un reconocimiento internacional a la calidad de su SGSI.

5.4.2. Empresa de Retail

La empresa de retail "Tiendas del Sur" experimentó un rápido crecimiento en su negocio online, lo que la llevó a enfrentar nuevos desafíos en la seguridad de sus plataformas digitales.

Para adaptarse a este nuevo escenario, implementaron un proceso de adaptación al cambio basado en:

a) Implementación de un sistema de detección de intrusiones (IDS):

- Se instaló un IDS en la red perimetral para detectar intrusiones y ataques cibernéticos.
- Se implementó un sistema de respuesta a incidentes para responder de forma rápida y efectiva ante las amenazas.

b) Adopción de la tecnología de blockchain para la gestión de la cadena de suministro:

- Se implementó la tecnología blockchain para mejorar la trazabilidad de los productos y prevenir la falsificación.
- Se estableció un sistema de control de acceso basado en blockchain para proteger la información confidencial de la empresa.

c) Desarrollo de un programa de seguridad para el Internet de las cosas (IoT):

- Se implementaron medidas de seguridad para los dispositivos IoT utilizados en las tiendas físicas.
- Se desarrolló una política de seguridad para la gestión de datos

recopilados por los dispositivos IoT.

Como resultado de este proceso, Tiendas del Sur logró:

- Adaptar su SGSI a las nuevas amenazas y tecnologías del entorno digital.
- Proteger la información confidencial de sus clientes y proveedores.
- Mantener la confianza de sus clientes en la seguridad de sus plataformas digitales.

Estos dos casos de éxito demuestran que la mejora continua y la adaptación al cambio son claves para mantener un SGSI efectivo y actualizado frente a las nuevas amenazas y tecnologías.

Al implementar estas estrategias, las organizaciones pueden mejorar significativamente la seguridad de su información y proteger sus activos más valiosos.

Recuerda:

- La mejora continua y la adaptación al cambio son procesos continuos que deben ser revisados y actualizados de forma regular.
- Es importante involucrar a todos los empleados en la implementación de la mejora continua y la adaptación al cambio.
- Es importante compartir las mejores prácticas con otras organizaciones para mejorar la seguridad de la información en el sector.

Espero que estos casos de éxito te hayan inspirado a implementar la mejora continua y la adaptación al cambio en tu organización.

Capítulo 6: Preparación para la Certificación

Introducción

La certificación ISO/IEC 27001:2022 es un reconocimiento internacional a la calidad del Sistema de Gestión de Seguridad de la Información (SGSI) de una organización.

Obtener la certificación puede brindar a tu organización una serie de beneficios, como:

- Mejora de la confianza de los clientes y socios en la seguridad de su información.
- Reducción del riesgo de incidentes de seguridad de la información.
- Demostración del compromiso de la organización con la seguridad de la información.
- Mejora de la eficiencia y la eficacia del SGSI.

Este capítulo te guiará a través del proceso de certificación ISO/IEC 27001:2022.

En la Sección 6.1, encontrarás una guía paso a paso para obtener la certificación, incluyendo:

- Los requisitos que debe cumplir tu organización.
- La documentación y evidencia que debes preparar.
- Consejos y estrategias para una auditoría exitosa.
- Cómo manejar los hallazgos y las acciones correctivas.

En la Sección 6.2, compartiré consejos y recomendaciones para facilitar el proceso de certificación.

En la Sección 6.3, encontrarás casos de éxito de organizaciones que han obtenido la certificación ISO/IEC 27001:2022.

Al seguir las pautas y consejos de este capítulo, estarás bien preparado para obtener la certificación ISO/IEC 27001:2022 y mejorar la seguridad de la información de tu organización.

Recuerda:

- La certificación ISO/IEC 27001:2022 es un proceso voluntario, pero puede ser un requisito para algunos clientes o proveedores.
- El proceso de certificación puede ser largo y complejo, por lo que es importante comenzar con una buena planificación.
- Es importante involucrar a todos los empleados en el proceso de certificación.

¡Espero que este capítulo te sea útil en tu camino hacia la certificación ISO/IEC 27001:2022!

Sección 6.1: El Proceso de Certificación

En esta sección, profundizaremos en cada paso del proceso de certificación ISO/IEC 27001:2022, brindando mayor detalle y ejemplos prácticos para facilitar su comprensión.

6.1.1. Planificación

a) Determinar si la certificación es adecuada:

- Evaluar el tamaño y la complejidad de su organización.
- Analizar el contexto de su negocio y las necesidades de seguridad de la información.
- Considerar las expectativas de sus clientes y socios.
- Comparar los beneficios y costos de la certificación.

Ejemplo: Una empresa de software que maneja información confidencial de sus clientes puede considerar la certificación como una forma de demostrar su compromiso con la seguridad y aumentar la confianza de sus clientes.

b) Establecer objetivos y expectativas:

- Definir qué espera lograr con la certificación.
- Establecer objetivos específicos, medibles, alcanzables, relevantes y con plazos definidos.
- Comunicar los objetivos y expectativas a todos los involucrados.

Ejemplo: La empresa de software puede establecer como objetivo obtener la certificación en un plazo de seis meses y reducir el número de incidentes de seguridad en un 20% en el primer año.

c) Identificar recursos:

- **Determinar los recursos humanos, financieros y técnicos necesarios.**
- **Asignar responsabilidades a los miembros del equipo.**
- **Considerar la contratación de consultores o auditores externos si es necesario.**

Ejemplo: La empresa de software puede necesitar contratar un consultor para ayudar con la implementación de la norma ISO/IEC 27001:2022 y capacitar a su personal.

d) Desarrollar un plan de proyecto:

- **Definir las actividades, plazos y responsables para cada etapa del proceso.**
- **Establecer un cronograma y presupuesto realistas.**
- **Identificar los riesgos potenciales y desarrollar planes de contingencia.**

Ejemplo: El plan de proyecto puede incluir la creación de una política de seguridad de la información, la realización de análisis de riesgos, la implementación de controles de seguridad y la capacitación del personal.

6.1.2. Implementación

a) Implementar los requisitos de la norma:

- Designar un responsable de la gestión del SGSI.
- Establecer una política de seguridad de la información.
- Realizar análisis de riesgos y tratamiento de riesgos.
- Implementar los controles de seguridad de la información.
- Documentar su SGSI y los controles implementados.

Ejemplo: La empresa de software puede implementar controles de seguridad como firewalls, antivirus, sistemas de detección de intrusiones y control de acceso a datos.

b) Documentar el SGSI:

- Desarrollar una política de seguridad de la información.
- Elaborar una declaración de aplicabilidad.
- Mantener registros de activos, análisis de riesgos, controles de seguridad y procedimientos.

Ejemplo: La empresa de software puede usar una herramienta de gestión de documentos para centralizar y controlar la documentación del SGSI.

c) Pruebas y simulacros:

- Realizar pruebas y simulacros de auditoría para identificar y corregir brechas.
- Capacitar a los empleados sobre cómo responder a las preguntas

del auditor.

Ejemplo: La empresa de software puede realizar un simulacro de auditoría interna para identificar áreas de mejora antes de la auditoría de certificación.

6.1.3. Revisión por la dirección

· **Realizar una revisión para evaluar la preparación para la auditoría.**
· **Identificar y resolver cualquier brecha o no conformidad.**
· **Asegurar la alta dirección está comprometida con el SGSI.**

Ejemplo: La alta dirección de la empresa de software debe revisar y aprobar la política de seguridad de la información y el plan de acción para las no conformidades.

6.1.4. Auditoría de certificación

a) Contratar un organismo de certificación acreditado:

· **Investigar y seleccionar un organismo de certificación con experiencia en su sector.**
· **Solicitar la auditoría de certificación.**

Ejemplo: La empresa de software puede buscar en la lista de organismos de certificación acreditados por la International Accreditation Forum (IAF).

b) Participar en la auditoría:

- Proporcionar al auditor toda la documentación y evidencia requerida.
- Responder a las preguntas del auditor de manera clara y completa.

Ejemplo: La empresa de software debe tener disponible toda la documentación del SGSI y designar a un responsable para acompañar al auditor durante la visita.

6.1.5. Decisión de certificación

- El organismo de certificación emitirá un informe con los hallazgos de la auditoría.
- Si se aprueba, se otorgará un certificado ISO/IEC 27001:2022.
- Si no se aprueba, se deberá desarrollar un plan de acción para abordar las no conformidades y solicitar una nueva auditoría.

Ejemplo: La empresa de software recibirá un informe con las no conformidades encontradas durante la auditoría. Si no hay no conformidades importantes, se le otorgará el certificado.

6.1.6. Documentación y evidencia requerida

- Política de seguridad de la información.
- Declaración de aplicabilidad.
- Registro de activos.
- Análisis de riesgos y tratamiento de riesgos.
- Controles de seguridad de la información.

- Procedimientos documentados.
- Evidencia de auditorías internas y revisiones por la dirección.

6.1.7. Consejos y estrategias para una auditoría exitosa

- Prepárese bien para la auditoría.
- Asegúrese de que toda la documentación esté completa y actualizada.
- Designe un representante de la gerencia para la auditoría.
- Asigne un líder de equipo para cada área a ser auditada.
- Capacite a los empleados sobre cómo responder a las preguntas del auditor.
- Sea abierto y transparente con el auditor.

Ejemplo: La empresa de software puede realizar un curso de capacitación para que sus empleados sepan cómo responder a las preguntas del auditor.

6.1.8. Manejo de hallazgos y acciones correctivas

- Analizar los hallazgos de la auditoría.
- Desarrollar un plan de acción para abordar las no conformidades.
- Implementar las acciones correctivas.
- Monitorear la efectividad de las acciones correctivas.

Ejemplo: La empresa de software debe desarrollar un plan de acción para cada no conformidad, con plazos responsables y recursos asignados.

Al seguir estos pasos y consejos, estarás bien encaminado para obtener la certificación ISO/IEC 27001:2022 y mejorar la seguridad de la información de tu organización.

Recuerda:

- El proceso de certificación puede ser largo y complejo, por lo que es importante comenzar con una buena planificación.
- Es importante involucrar a todos los empleados en el proceso de certificación.
- La certificación ISO/IEC 27001:2022 es un proceso continuo, por lo que es importante mantener su SGSI actualizado y efectivo.

¡Espero que esta información te haya sido útil!

Sección 6.2: Consejos de un Implementador

En esta sección, compartiré algunos consejos prácticos que he aprendido a lo largo de mi experiencia como implementador de ISO/IEC 27001:2022.

1. Planificación:

- **Comienza por definir claramente tus objetivos para la certificación.** ¿Qué quieres lograr con ella? ¿Quieres mejorar la seguridad de la información, aumentar la confianza de tus clientes o demostrar tu compromiso con la seguridad?
- **Realiza un análisis de tu situación actual.** ¿En qué punto se encuentra tu organización en términos de seguridad de la información? ¿Qué brechas necesitas abordar?

- **Desarrolla un plan de proyecto realista y detallado.** Esto te ayudará a mantenerte en el camino y evitar sorpresas desagradables.

2. Implementación:

- **Involucra a todos los empleados en el proceso.** La seguridad de la información es responsabilidad de todos, no solo del departamento de TI.
- **Utiliza un enfoque basado en riesgos.** Identifica los riesgos más importantes para tu organización y implementa controles para mitigarlos.
- **Documenta todo.** Esto te ayudará a demostrar que estás cumpliendo con los requisitos de la norma ISO/IEC 27001:2022.

3. Revisión por la dirección:

- **Asegúrate de que la alta dirección esté comprometida con la certificación.** Su apoyo es fundamental para el éxito del proyecto.
- **Realiza revisiones periódicas del SGSI para asegurarte de que sigue siendo efectivo.**

4. Auditoría de certificación:

- **Prepárate bien para la auditoría.** Asegúrate de que toda la documentación esté completa y actualizada.
- **Sé abierto y transparente con el auditor.** Responde a sus preguntas de manera honesta y completa.

5. Mantenimiento:

- **La certificación ISO/IEC 27001:2022 no es un proceso único.** Es importante mantener tu SGSI actualizado y efectivo.

- **Realiza auditorías internas periódicas para identificar áreas de mejora.**
- **Mantente al día con las últimas normas y regulaciones de seguridad de la información.**

Algunos consejos adicionales:

- **No tengas miedo de pedir ayuda.** Hay muchos recursos disponibles para ayudarte a implementar y mantener la certificación ISO/IEC 27001:2022.
- **Utiliza el sentido común.** La seguridad de la información no tiene que ser complicada.
- **Sé paciente.** El proceso de certificación puede llevar tiempo, pero los beneficios a largo plazo valen la pena.

Espero que estos consejos te sean útiles en tu camino hacia la certificación ISO/IEC 27001:2022.

Recuerda:

- La certificación ISO/IEC 27001:2022 es una inversión en el futuro de tu organización.
- El proceso de certificación puede ser largo y complejo, pero con una buena planificación y ejecución, puedes lograr el éxito.

¡Te deseo lo mejor en tu viaje hacia la certificación!

Sección 6.3: Casos de éxito en la implementación de la norma ISO/IEC 27001:2022

6.3.1. Empresa multinacional de telecomunicaciones

Objetivo: Implementar un marco integral de gestión de seguridad de la información para proteger los datos confidenciales de los clientes y empleados, así como la infraestructura crítica de la empresa.

Beneficios:

- Reducción del 40% en el número de incidentes de seguridad en un año.
- Ahorro anual de $2 millones en costos asociados a la seguridad de la información.
- Aumento del 15% en la satisfacción del cliente con la seguridad de sus datos.
- Mejora de la imagen y reputación de la empresa como líder en seguridad de la información.

Lecciones aprendidas:

- La participación activa de la alta dirección fue fundamental para el éxito del proyecto.
- La comunicación clara y constante con los empleados fue clave para asegurar su compromiso.
- La inversión en herramientas de gestión de riesgos y capacitación del personal fue crucial para la eficacia del sistema.

6.3.2. Institución gubernamental

Objetivo: Cumplir con las regulaciones de seguridad de la información y proteger la información confidencial del gobierno y de los ciudadanos.

Beneficios:

- Reducción del riesgo de multas y sanciones por incumplimiento de las normas.
- Aumento de la confianza de los ciudadanos en la seguridad de sus datos personales.
- Mejora de la eficiencia y eficacia de los procesos internos de la institución.
- Mayor transparencia y rendición de cuentas en la gestión de la información pública.

Lecciones aprendidas:

- La implementación de la norma ISO/IEC 27001:2022 permitió a la institución cumplir con las regulaciones de manera eficiente y rentable.
- El proceso de certificación ayudó a la institución a identificar y mejorar sus procesos de seguridad de la información.
- La certificación fue un factor importante para fortalecer la confianza de los ciudadanos en la institución.

6.3.3. Empresa de servicios financieros

Objetivo: Proteger la información financiera confidencial de sus clientes y mejorar la confianza en sus productos y servicios.

Beneficios:

- Reducción del 30% en el número de ataques cibernéticos en un año.
- Aumento del 20% en la satisfacción del cliente con la seguridad de sus datos financieros.
- Obtención de una ventaja competitiva en el mercado por su enfoque en la seguridad.
- Mejora de la imagen y reputación de la empresa como una institución financiera confiable.

Lecciones aprendidas:

- La implementación de la norma ISO/IEC 27001:2022 permitió a la empresa fortalecer su postura de seguridad frente a las amenazas cibernéticas.
- El proceso de certificación ayudó a la empresa a identificar y mejorar sus controles de seguridad para proteger la información financiera.
- La certificación fue un factor importante para atraer nuevos clientes y aumentar la confianza en la empresa.

En cada caso, la implementación de la norma ISO/IEC 27001:2022 ha demostrado ser una herramienta valiosa para:

- Mejorar la seguridad de la información.
- Aumentar la confianza de los clientes y stakeholders.

- Obtener una ventaja competitiva en el mercado.
- Mejorar la eficiencia y eficacia de los procesos internos.
- Cumplir con las regulaciones de seguridad de la información.

Estos casos de éxito ilustran cómo la norma ISO/IEC 27001:2022 puede ser beneficiosa para organizaciones de diversos sectores.

Capítulo 7: Casos de Estudio y Lecciones Aprendidas

Introducción

En este capítulo, exploraremos en profundidad una serie de casos de estudio de organizaciones que han implementado con éxito la norma ISO/IEC 27001:2022. A través del análisis de sus experiencias, extraeremos lecciones aprendidas y mejores prácticas que podrán ser de gran utilidad para tu propio viaje hacia la certificación.

La Sección 7.1 presentará una selección de casos de éxito en diversas industrias, desde empresas multinacionales hasta instituciones públicas y pequeñas empresas. Abordaremos los diferentes enfoques que cada organización ha adoptado para la implementación, así como los beneficios específicos que han obtenido.

La Sección 7.2 presentará una selección de casos de implementaciones fallidas en diversas industrias. Abordaremos aquellos casos en que las cosas no salieron como se esperaba y sus causas, así como las lecciones aprendidas en esas oportunidades.

En la Sección 7.3, nos centraremos en los desafíos comunes que suelen surgir durante la implementación y certificación de la norma ISO/IEC 27001:2022. Compartiremos consejos prácticos y soluciones para superar estos obstáculos de manera efectiva, permitiéndote navegar con mayor seguridad por el proceso.

Este capítulo tiene como objetivo brindarte una comprensión profunda de los aspectos prácticos de la implementación de la norma ISO/IEC 27001:2022. A través de ejemplos concretos y recomendaciones prácticas, estarás mejor preparado para afrontar los retos y aprovechar las oportunidades que se presenten en tu camino hacia la certificación.

¡Comencemos!

Sección 7.1: Casos de Éxito en Diversas Industrias

En esta sección, analizaremos en profundidad tres casos de éxito de organizaciones que han implementado con éxito la norma ISO/IEC 27001:2022. Abarcaremos una amplia gama de sectores, desde empresas multinacionales hasta instituciones públicas, para ilustrar la versatilidad y aplicabilidad de la norma.

7.1.1. Empresa multinacional de telecomunicaciones:

Contexto:

- Empresa con presencia en más de 50 países.

- Más de 10.000 empleados.
- Gran cantidad de datos confidenciales de clientes y empleados.
- Amenazas constantes de ataques cibernéticos.

Objetivo:

- Implementar un marco integral de seguridad de la información para proteger sus activos y cumplir con las regulaciones internacionales.
- Reducir el número de incidentes de seguridad.
- Ahorrar costos asociados a la seguridad.
- Aumentar la satisfacción del cliente.

Enfoque adoptado:

- Compromiso total de la alta dirección.
- Creación de un comité de seguridad de la información.
- Implementación de un SGSI basado en la norma ISO/IEC 27001:2022.
- Capacitación del personal en materia de seguridad de la información.
- Implementación de herramientas tecnológicas de seguridad.
- Monitoreo y revisión continua del SGSI.

Beneficios obtenidos:

- Reducción del 40% en el número de incidentes de seguridad en un año.
- Ahorro anual de $2 millones en costos asociados a la seguridad.
- Aumento del 15% en la satisfacción del cliente con la seguridad de sus datos.
- Mejora de la imagen y reputación de la empresa como líder en

seguridad de la información.

Lecciones aprendidas:

- La participación activa de la alta dirección fue fundamental para el éxito del proyecto.
- La comunicación clara y constante con los empleados fue clave para asegurar su compromiso.
- La inversión en herramientas de gestión de riesgos y capacitación del personal fue crucial para la eficacia del sistema.

7.1.2. Institución gubernamental

Contexto:

- Ministerio con una gran cantidad de información sensible y confidencial del Estado y de los ciudadanos.
- Sujeto a regulaciones estrictas de seguridad de la información.
- Necesidad de mejorar la transparencia y rendición de cuentas en la gestión de la información pública.

Objetivo:

- Cumplir con las regulaciones de seguridad de la información.
- Proteger la información confidencial del Estado y de los ciudadanos.
- Mejorar la eficiencia de los procesos internos.
- Aumentar la confianza de los ciudadanos en la gestión de la información pública.

Enfoque adoptado:

- Adaptación de la norma ISO/IEC 27001:2022 a las necesidades específicas del sector público.
- Creación de un comité de seguridad de la información con representantes de diferentes departamentos.
- Implementación de un SGSI que abarcaba todos los procesos de gestión de la información.
- Capacitación del personal en materia de seguridad de la información.
- Implementación de herramientas tecnológicas de seguridad.
- Monitoreo y revisión continua del SGSI.

Beneficios obtenidos:

- Reducción del riesgo de multas y sanciones por incumplimiento de las normas.
- Aumento de la confianza de los ciudadanos en la seguridad de sus datos.
- Mejora de la eficiencia de los procesos internos, como la gestión de documentos y la tramitación de solicitudes.
- Mejora de la transparencia y rendición de cuentas en la gestión de la información pública.

Lecciones aprendidas:

- La adaptación de la norma a las necesidades específicas del sector público fue fundamental para el éxito.
- La capacitación del personal en materia de seguridad de la información fue un factor importante para el éxito.
- La colaboración entre diferentes departamentos fue clave para la implementación efectiva del SGSI.

7.1.3. Empresa de servicios financieros

Contexto:

- Banco con una gran cantidad de datos financieros confidenciales de sus clientes.
- Objetivo de proteger la información financiera de sus clientes y mejorar la confianza en sus productos y servicios.
- Amenazas constantes de ataques cibernéticos y fraudes financieros.

Objetivo:

- Proteger la información financiera de sus clientes.
- Reducir el número de ataques cibernéticos.
- Aumentar la confianza del cliente en la seguridad de sus datos.
- Obtener una ventaja competitiva en el mercado.

Enfoque adoptado:

- Implementación de un SGSI basado en la norma ISO/IEC 27001:2022.
- Implementación de controles de seguridad específicos para el sector financiero, como el control de acceso, la encriptación de datos y la gestión de vulnerabilidades.
- Contratación de expertos en seguridad para asesorar en la implementación de la norma.
- Realización de pruebas de penetración para evaluar la seguridad del sistema.
- Capacitación del personal en materia de seguridad de la información.

· Monitoreo y revisión continua del SGSI.

Beneficios obtenidos:

· Reducción del 30% en el número de ataques cibernéticos en un año.
· Aumento del 20% en la satisfacción del cliente con la seguridad de sus datos.
· Obtención de una ventaja competitiva en el mercado por su enfoque en la seguridad.
· Mejora de la imagen y reputación de la empresa como una institución financiera confiable.

Lecciones aprendidas:

· La implementación de controles de seguridad específicos para el sector financiero fue crucial para la eficacia del sistema.
· La colaboración con expertos en seguridad fue un factor importante para el éxito.
· La capacitación del personal en materia de seguridad de la información fue fundamental para mantener la seguridad del sistema.

Estos son solo algunos ejemplos de las diversas organizaciones que han implementado con éxito la norma ISO/IEC 27001:2022. Al estudiar sus experiencias, podrás obtener información valiosa para tu propio viaje hacia la certificación.

Sección 7.2: Casos de Implementaciones Fallidas en Diversas Industrias

En esta sección, analizaremos en profundidad tres casos de implementaciones fallidas de la norma ISO/IEC 27001:2022 en diferentes sectores. A través del estudio de estas experiencias negativas, podremos identificar errores comunes y aprender valiosas lecciones para evitarlos en nuestro propio camino hacia la certificación.

7.2.1. Empresa multinacional de retail

Contexto:

- Empresa con presencia en más de 50 países.
- Más de 10.000 empleados.
- Gran cantidad de datos de clientes y empleados.
- Amenazas constantes de ataques cibernéticos.

Objetivo:

- Implementar un SGSI para cumplir con las regulaciones de seguridad de la información y mejorar la confianza de los clientes.

Errores cometidos:

- **Falta de compromiso de la alta dirección:** La alta dirección no brindó el apoyo y liderazgo necesarios para el proyecto.
- **Enfoque excesivo en la documentación y burocracia:** Se dio

prioridad a la elaboración de documentos y procesos burocráticos en lugar de la mejora real de la seguridad.

- **Falta de capacitación del personal:** El personal no recibió la capacitación adecuada para comprender y aplicar la norma.

Consecuencias:

- Aumento del número de incidentes de seguridad.
- Baja satisfacción del cliente con la seguridad de sus datos.
- Pérdida de confianza en la empresa.
- Gastos innecesarios en la implementación.

Lecciones aprendidas:

- La participación activa y el compromiso de la alta dirección son fundamentales para el éxito.
- La capacitación del personal es esencial para asegurar la comprensión y aplicación efectiva de la norma.
- Es importante mantener un equilibrio entre la documentación y la mejora real de la seguridad.

7.2.2. Institución financiera

Contexto:

- Banco con una gran cantidad de datos financieros confidenciales de sus clientes.
- Objetivo de proteger la información financiera de sus clientes y obtener una ventaja competitiva en el mercado.

Errores cometidos:

- **Implementación apresurada sin una planificación adecuada:** Se comenzó la implementación sin una planificación clara de los objetivos, recursos y etapas del proyecto.
- **Selección de una metodología inadecuada:** Se seleccionó una metodología que no se ajustaba a las necesidades y características del banco.
- **Falta de recursos financieros:** Se subestimaron los recursos financieros necesarios para la implementación.

Consecuencias:

- Retrasos en el proyecto.
- Sobrecostos.
- Frustración del personal.
- Implementación incompleta del SGSI.

Lecciones aprendidas:

- Una planificación adecuada es fundamental para evitar retrasos y sobrecostos.
- La selección de la metodología correcta debe basarse en las necesidades y características de la organización.
- Es necesario asignar los recursos financieros suficientes para asegurar una implementación exitosa.

7.2.3. Empresa de software

Contexto:

- Empresa con un equipo de 10 personas que desarrolla software para pequeñas empresas.
- Objetivo de mejorar la seguridad de la información de sus clientes y aumentar la confianza en sus productos.

Errores cometidos:

- **Subestimación del tiempo y los recursos necesarios:** Se subestimó el tiempo y los recursos humanos y financieros necesarios para la implementación.
- **Falta de experiencia interna:** No se contaba con el personal con la experiencia y conocimientos necesarios para implementar la norma.
- **Enfoque en la certificación en lugar de la seguridad:** Se priorizó la obtención del certificado ISO/IEC 27001:2022 en lugar de la mejora real de la seguridad de la información.

Consecuencias:

- Implementación incompleta del SGSI.
- Bajo impacto en la seguridad real de la información.
- Gastos excesivos en la implementación.
- Frustración del personal.

Lecciones aprendidas:

- Es importante realizar una evaluación realista del tiempo y los recursos necesarios para la implementación.
- Se debe contar con el personal con la experiencia y conocimientos necesarios para implementar la norma.
- El enfoque principal debe ser la mejora de la seguridad de la información, no la obtención del certificado.

Recomendaciones para evitar errores similares:

- **Obtener el compromiso de la alta dirección:** Es fundamental que la alta dirección brinde su apoyo y liderazgo al proyecto.
- **Realizar una planificación adecuada:** Se debe definir un plan claro que incluya los objetivos, recursos, etapas y cronograma del proyecto.
- **Seleccionar la metodología correcta:** Se debe elegir una metodología que se ajuste a las necesidades y características de la organización.
- **Asignar los recursos financieros necesarios:** Es importante contar con los recursos financieros suficientes para asegurar una implementación exitosa.
- **Capacitar al personal:** Se debe brindar al personal la capacitación adecuada para comprender y aplicar la norma.
- **Enfocarse en la mejora de la seguridad:** El objetivo principal debe ser mejorar la seguridad de la información, no la obtención del certificado.
- **Contar con el apoyo de expertos:** Se puede considerar la posibilidad de contratar consultores o auditores especializados en la norma ISO/IEC 27001:2022.

Al comprender las causas de estas implementaciones fallidas y seguir las recomendaciones, podemos estar mejor preparados para afrontar los desafíos y alcanzar el éxito en nuestro propio camino hacia la certificación.

En la siguiente sección, exploraremos algunos de los desafíos comunes que suelen surgir durante la implementación de la norma y cómo superarlos.

Sección 7.3: Desafíos Comunes y Cómo Superarlos

En esta sección, analizaremos en profundidad algunos de los desafíos más comunes que suelen surgir durante la implementación y certificación de la norma ISO/IEC 27001:2022. Para cada desafío, presentaremos una descripción detallada del problema, sus causas y consecuencias, y estrategias prácticas para superarlo con éxito.

7.3.1. Falta de compromiso de la alta dirección

Descripción del problema:

- La alta dirección no muestra un interés real en la implementación de la norma.
- No se asigna el tiempo o la atención necesaria al proyecto.
- No se brindan los recursos financieros o humanos necesarios para la implementación.

Causas:

- Falta de comprensión de los beneficios de la norma ISO/IEC 27001:2022.
- Percepción de la norma como un proceso burocrático y costoso.
- Preocupación por el impacto en la productividad y las operaciones.

Consecuencias:

- Retrasos en el proyecto.
- Baja participación del personal.
- Implementación incompleta o ineficaz de la norma.
- Desperdicio de recursos.

Estrategias para superarlo:

- **Comunicar los beneficios de la norma a la alta dirección:** Enfatizar cómo la norma puede mejorar la seguridad de la información, proteger los activos de la organización, aumentar la confianza de los clientes y mejorar la imagen y reputación de la empresa.
- **Involucrar a la alta dirección en el proyecto:** Involucrarlos en la toma de decisiones importantes, asegurar su apoyo y liderazgo, y comunicar regularmente el progreso del proyecto.
- **Demostrar el retorno de la inversión (ROI):** Presentar un análisis del costo-beneficio de la implementación de la norma, destacando los ahorros potenciales en costos de seguridad y los beneficios intangibles como la mejora de la confianza y la reputación.

7.3.2. Recursos insuficientes

Descripción del problema:

- Subestimación del tiempo, personal y presupuesto necesarios para la implementación.
- Falta de personal con las habilidades y conocimientos necesarios.
- Falta de herramientas y tecnologías adecuadas para la gestión de la seguridad de la información.

Causas:

- Planificación inadecuada del proyecto.
- Falta de experiencia en la implementación de la norma.
- Presupuesto limitado.

Consecuencias:

- Retrasos en el proyecto.
- Implementación incompleta o ineficaz de la norma.
- Frustración del personal.
- Desperdicio de recursos.

Estrategias para superarlo:

- **Realizar una evaluación realista de los recursos necesarios:** Evaluar el tamaño y la complejidad de la organización, los riesgos de seguridad y el alcance de la implementación.
- **Desarrollar un plan de proyecto detallado:** Definir las etapas del proyecto, los recursos necesarios para cada etapa y el cronograma.
- **Asegurar la disponibilidad de los recursos financieros y humanos:** Obtener la aprobación del presupuesto y asignar el personal adecuado al proyecto.
- **Contratar consultores o auditores especializados:** Buscar apoyo de expertos en la implementación de la norma para complementar

la experiencia interna.

· **Aprovechar recursos online gratuitos:** Utilizar guías, tutoriales y herramientas disponibles en internet para facilitar la implementación.

7.3.3. Falta de experiencia interna

Descripción del problema:

· No se cuenta con el personal con la experiencia y conocimientos necesarios para implementar la norma.
· Dificultad para comprender los requisitos de la norma y aplicarlos a la organización.
· Incapacidad para gestionar el SGSI de manera efectiva.

Causas:

· Falta de capacitación del personal.
· Alta rotación de personal.
· Dificultad para encontrar personal con las habilidades necesarias.

Consecuencias:

· Implementación incompleta o ineficaz de la norma.
· Errores en la aplicación de los controles de seguridad.
· Vulnerabilidades en la seguridad de la información.

Estrategias para superarlo:

· **Brindar capacitación al personal:** Ofrecer cursos y talleres sobre la norma ISO/IEC 27001:2022, los controles de seguridad y la gestión del SGSI.

- **Contratar consultores o auditores especializados:** Buscar apoyo de expertos en la implementación de la norma para capacitar al personal y
- **Fomentar la cultura de aprendizaje continuo:** Implementar programas de formación continua para mantener actualizado al personal sobre las últimas amenazas y mejores prácticas en seguridad de la información.
- **Desarrollar un programa de mentoring:** Emparejar a los empleados con experiencia con aquellos que necesitan apoyo y orientación.
- **Aprovechar recursos online gratuitos:** Utilizar guías, tutoriales y herramientas disponibles en internet para facilitar la capacitación del personal.

7.3.4. Resistencia al cambio

Descripción del problema:

- El personal se resiste a los cambios que implica la implementación de la norma.
- Miedo a lo desconocido.
- Preocupación por el aumento de la carga de trabajo.
- Percepción de la norma como una amenaza a la autonomía del personal.

Causas:

- Falta de comunicación y participación del personal en el proceso de implementación.

- Percepción de la norma como un proceso burocrático y tedioso.
- Falta de confianza en la gerencia.

Consecuencias:

- Retrasos en el proyecto.
- Baja participación del personal.
- Sabotaje del proyecto.
- Implementación incompleta o ineficaz de la norma.

Estrategias para superarlo:

- **Comunicar los beneficios de la norma al personal:** Enfatizar cómo la norma puede mejorar la seguridad de la información, proteger sus trabajos y aumentar la confianza de los clientes.
- **Involucrar al personal en el proceso de implementación:** Solicitar su opinión y sugerencias, y permitirles participar en la toma de decisiones.
- **Brindar capacitación al personal:** Ayudarles a comprender los requisitos de la norma y cómo se aplicará a su trabajo.
- **Fomentar una cultura de comunicación abierta:** Crear un ambiente donde el personal se sienta cómodo para expresar sus dudas y preocupaciones.
- **Ser paciente y comprensivo:** El cambio puede ser difícil para algunas personas, por lo que es importante ser paciente y comprensivo con sus necesidades.

7.3.5. Dificultades en la selección de controles

Descripción del problema:

- No se seleccionan los controles adecuados para las necesidades y riesgos específicos de la organización.
- Implementación de controles innecesarios que no aportan valor.
- Omisión de controles críticos que podrían dejar a la organización vulnerable.

Causas:

- Falta de análisis de riesgos.
- Falta de comprensión de los controles disponibles.
- Dificultad para adaptar los controles a las características de la organización.

Consecuencias:

- Implementación ineficaz de la norma.
- Vulnerabilidades en la seguridad de la información.
- Desperdicio de recursos.

Estrategias para superarlo:

- **Realizar un análisis de riesgos completo:** Identificar los activos de la organización, las amenazas y vulnerabilidades, y los riesgos asociados.
- **Seleccionar los controles adecuados:** Evaluar los controles disponibles y seleccionar aquellos que sean relevantes para los

riesgos específicos de la organización.

- **Adaptar los controles a las características de la organización:** Asegurar que los controles sean compatibles con la cultura, el tamaño y la complejidad de la organización.
- **Documentar la selección de controles:** Justificar la selección de cada control y explicar cómo se implementará.

7.3.6. Documentación excesiva

Descripción del problema:

- Se crea una gran cantidad de documentación innecesaria que no aporta valor a la gestión de la seguridad de la información.
- La documentación se vuelve obsoleta rápidamente.
- El personal se pierde en la burocracia y no se enfoca en la gestión de la seguridad.

Causas:

- Enfoque excesivo en el cumplimiento de la norma en lugar de la mejora de la seguridad.
- Falta de comprensión de los requisitos de documentación.
- Uso de plantillas y herramientas inadecuadas.

Consecuencias:

- Implementación ineficaz de la norma.
- Desperdicio de tiempo y recursos.
- Desmotivación del personal.

Estrategias para superarlo:

- **Enfocarse en la documentación esencial:** Desarrollar solo la documentación que sea necesaria para la operación del SGSI.
- **Utilizar un lenguaje claro y conciso:** Asegurar que la documentación sea fácil de entender y usar.
- **Mantener la documentación actualizada:** Revisar y actualizar la documentación regularmente para reflejar los cambios en la organización y el entorno de seguridad.
- **Utilizar herramientas de gestión documental:** Implementar un sistema de gestión documental para facilitar la creación, almacenamiento y actualización de la documentación.
- **Capacitar al personal en la elaboración de documentos:** Brindar al personal las herramientas y habilidades necesarias para redactar documentos claros, concisos y relevantes.

7.3.7. Falta de seguimiento y revisión

Descripción del problema:

- No se realiza un seguimiento y revisión continua del SGSI para asegurar su eficacia.
- No se identifican y corrigen las desviaciones de la norma.
- No se mejora la seguridad de la información de manera continua.

Causas:

- Falta de recursos para el seguimiento y revisión.
- Falta de conocimiento sobre cómo realizar el seguimiento y revisión.

- Cultura organizacional que no prioriza la mejora continua.

Consecuencias:

- Implementación ineficaz de la norma.
- Vulnerabilidades en la seguridad de la información.
- Estancamiento en la gestión de la seguridad.

Estrategias para superarlo:

- **Implementar un proceso de auditoría interna:** Definir un plan de auditoría que incluya la frecuencia de las auditorías, los métodos de evaluación y los criterios de cumplimiento.
- **Realizar revisiones por la dirección:** Asegurar que la alta dirección revise el funcionamiento del SGSI de manera regular y tome las decisiones necesarias para su mejora.
- **Identificar y corregir las desviaciones:** Implementar un sistema para identificar, registrar y corregir las desviaciones de la norma.
- **Fomentar la cultura de mejora continua:** Motivar al personal a buscar oportunidades para mejorar la seguridad de la información.

Al comprender los desafíos comunes y seguir las estrategias prácticas para superarlos, puedes aumentar significativamente las posibilidades de éxito en la implementación y certificación de la norma ISO/IEC 27001:2022.

Recuerda que la clave del éxito es un enfoque proactivo, una planificación meticulosa, la participación activa de todos los involucrados en el proyecto y la búsqueda continua de la mejora.

Conclusión

A lo largo de este libro, hemos recorrido un camino extenso y en-riquecedor en el mundo de la seguridad de la información y la norma ISO/IEC 27001:2022. Desde sus fundamentos y evolución hasta su implementación y mejora continua, hemos explorado cada etapa con un enfoque práctico y ejemplos reales.

En esta conclusión, nos gustaría destacar algunos puntos clave:

Importancia de la seguridad de la información: La información se ha convertido en un activo fundamental para las organizaciones de todo tipo. Protegerla de accesos no autorizados, usos indebidos, divulgaciones accidentales y otras amenazas es crucial para su éxito y sostenibilidad.

Beneficios de la norma ISO/IEC 27001:2022: Esta norma internacional proporciona un marco reconocido a nivel mundial para la gestión de la seguridad de la información. Su implementación ofrece un conjunto de beneficios tangibles,como la reducción de riesgos, la mejora de la confianza de los clientes y la optimización de los procesos internos.

Claves para una implementación exitosa: El éxito en la imple-mentación de la norma ISO/IEC 27001:2022 depende de varios factores, entre ellos: el compromiso de la alta dirección, la participación activa de todo el personal, la planificación meticulosa, la selección adecuada de controles y la medición y monitoreo continuo del desempeño.

Adaptación al cambio: El panorama de las amenazas y las tecnologías evoluciona constantemente. Es fundamental que las organizaciones implementen un sistema de gestión de la seguridad de la información flexible y adaptable, capaz de responder a los nuevos desafíos y aprovechar las oportunidades emergentes.

Aprendizaje continuo: La seguridad de la información es un campo en constante evolución. Mantenerse actualizado sobre las últimas tendencias, mejores prácticas y regulaciones es esencial para garantizar la protección eficaz de la información.

Recursos adicionales: Este libro ha proporcionado una base sólida para comprender la norma ISO/IEC 27001:2022 y su implementación. Se recomienda consultar los recursos, herramientas, guías y plantillas disponibles en los Apéndices para profundizar en los diferentes aspectos de la gestión de la seguridad de la información.

Esperamos que este libro haya sido una herramienta útil e inspiradora para tu viaje en el mundo de la seguridad de la información.

¡Continuemos trabajando juntos para proteger la información y construir un futuro más seguro y confiable para todos!

Apéndice A: Glosario de Términos

Este glosario está diseñado para proporcionar definiciones claras y concisas de los términos clave relacionados con la norma ISO/IEC 27001:2022 y la gestión de la seguridad de la información. Está dirigido a profesionales de TI, gerentes, consultores y auditores que buscan comprender mejor los conceptos y requisitos de la norma.

A continuación, se presenta una lista alfabética de los términos con sus definiciones:

Acceso: Permiso de un usuario para obtener, modificar o eliminar información o recursos del sistema.

Activo: Cualquier información, propiedad o recurso que tiene valor para la organización.

Análisis de riesgos: El proceso de identificación, evaluación y priorización de los riesgos que pueden afectar la seguridad de la información.

Anonimato: La condición de que la información no pueda ser identificada o atribuida a un individuo específico.

Antivirus: Software diseñado para detectar y eliminar software malicioso.

Autenticación: El proceso de verificar la identidad de un usuario.

Autorización: El proceso de determinar qué accesos tiene un usuario a los recursos del sistema.

Amenaza: Cualquier evento o acción que puede poner en peligro la seguridad de la información.

Ataque: Un intento de obtener acceso no autorizado a la información o de interrumpir o inhabilitar un sistema.

Auditoría interna: Un proceso independiente y objetivo para evaluar el cumplimiento de la norma ISO/IEC 27001:2022 y la eficacia del SGSI.

Copia de seguridad: Un duplicado de la información que se puede usar para restaurarla en caso de pérdida o daño.

Ciberseguridad: La práctica de proteger los sistemas informáticos, redes y datos de accesos no autorizados, uso indebido, divulgación, alteración, destrucción o pérdida.

Cifrado: El proceso de convertir la información en un formato que solo puede ser leído por las personas autorizadas.

Controles de seguridad: Medidas para proteger la información de accesos no autorizados, uso indebido, divulgación, alteración, destrucción o pérdida.

Controles de acceso: Controles que se utilizan para determinar quién tiene acceso a la información y a los recursos del sistema.

Controles ambientales: Controles que se utilizan para proteger la infraestructura física que alberga los sistemas de información.

Controles de gestión: Controles que se utilizan para gestionar la seguridad de la información a nivel organizacional.

Controles operativos: Controles que se utilizan para proteger los sistemas de información y los datos en operación.

Controles técnicos: Controles que se utilizan para proteger los sistemas de información y los datos mediante el uso de tecnología.

Copia de seguridad: Un proceso para crear copias de seguridad de la información.

Disponibilidad: La propiedad de que la información esté disponible para los usuarios autorizados cuando la necesitan.

Encriptación: El proceso de convertir la información en un formato que solo puede ser leído por las personas autorizadas.

Gestión de riesgos: El proceso de identificar, evaluar, controlar y mitigar los riesgos que pueden afectar la seguridad de la información.

Gobernanza de la información: El marco de trabajo que define cómo se gestiona la información en una organización.

Huella digital: Un identificador único que se asigna a un dispositivo o a un archivo.

Identidad: La información que se utiliza para identificar a un usuario o a un dispositivo.

Incidente de seguridad: Un evento que puede poner en peligro la confidencialidad, integridad o disponibilidad de la información.

Ingeniería social: Un conjunto de técnicas que se utilizan para manipular a las personas para que revelen información confidencial o para que realicen acciones que pueden poner en peligro la seguridad de la información.

Integridad: La propiedad de que la información sea completa, precisa y confiable.

ISO/IEC 27001:2022: Norma internacional que establece los requisitos para un sistema de gestión de seguridad de la información.

Malware: Software malicioso que puede dañar un sistema informático o robar información.

Marco de Ciberseguridad NIST: Un conjunto de directrices y recomendaciones para la gestión de riesgos de ciberseguridad.

Monitoreo de seguridad: El proceso de recopilar y analizar información sobre la seguridad de un sistema informático para detectar y prevenir incidentes de seguridad.

Norma: Un documento que establece requisitos o especificaciones para un producto, servicio o proceso.

Parche: Una actualización de software que se utiliza para corregir una vulnerabilidad de seguridad.

Plan de respuesta a incidentes: Un plan que define las acciones que se deben tomar en caso de un incidente de seguridad.

Política de seguridad de la información: Un documento que define los principios y objetivos de la organización en materia de seguridad de la información.

Privacidad: El derecho de los individuos a controlar la información personal que se recopila y utiliza sobre ellos.

Procedimiento: Un conjunto de instrucciones que se utilizan para realizar una tarea.

Protección de datos: La práctica de proteger la información personal de accesos no autorizados, uso indebido, divulgación, alteración, destrucción o pérdida.

Respaldo: Un proceso para crear copias de seguridad de la información.

Revisión por la dirección: Un proceso periódico para evaluar el funcionamiento del SGSI y tomar decisiones para su mejora.

Riesgo: La probabilidad de que ocurra un evento que puede causar daño a la organización.

SGSI: Sistema de Gestión de Seguridad de la Información.

Software malicioso: Software diseñado para dañar un sistema informático o robar información.

Supervisión: El proceso de observar y controlar el funcionamiento de un sistema informático para detectar y prevenir incidentes de seguridad.

Tercerización: El proceso de contratar a un proveedor externo para que realice una tarea o servicio.

Vulnerabilidad: Una debilidad en un sistema o proceso que puede ser explotada por un atacante.

Espero que este glosario te haya sido útil.

Apéndice B: Recursos y Herramientas Útiles

En este apéndice, se presenta una lista de recursos y herramientas que pueden ser útiles para la implementación y gestión de la norma ISO/IEC 27001:2022.

Software y herramientas en línea

Herramientas de gestión de riesgos:

- **RiskWatch:** https://www.riskwatch.com/
- **Bowman Risk Manager:** https://www.linkedin.com/in/bjbowman
- **MegaSuite:** https://www.youtube.com/watch?v=VFebOKmcHT4

Herramientas de análisis de vulnerabilidades:

- **Nessus:** https://www.tenable.com/products/nessus
- **Nmap:** https://en.wikipedia.org/wiki/Nmap
- **OpenVAS:** https://www.openvas.org/

Herramientas de gestión de parches:

- **Microsoft WSUS**
- **Ivanti Patch Manager:** https://www.ivanti.com/products/patch-for-endpoint-manager
- **SolarWinds Patch Manager:** https://www.solarwinds.com/patch-manager

Herramientas de gestión de identidades y accesos:

- **Microsoft Active Directory**
- **OneLogin:** https://www.onelogin.com/
- **Okta:** https://www.okta.com/

Herramientas de monitorización de seguridad:

- **Splunk:** https://www.splunk.com/
- **LogRhythm:** https://logrhythm.com/
- **ELK Stack:** https://www.elastic.co/elastic-stack

Herramientas de formación y concienciación:

- **KnowBe4:** https://www.knowbe4.com/
- **Proofpoint Security Awareness Training:** https://www.proofpoint.com/us/products/security-awareness-training
- **Cybrary:** https://www.cybrary.it/

Sitios Web

- **Sitio web de ISO:** https://www.iso.org/home.html
- **Sitio web de ISACA:** https://www.isaca.org/
- **Sitio web de (ISC)²:** https://www.isc2.org/
- **Blog de Seguridad de la Información:** https://ciberseguridad.blog/

- **Norma ISO/IEC 27001:2022:** https://www.iso.org/standard/27001
- **Guía ISO/IEC 73:** https://www.iso.org/standard/44651.html
- **Marco de Ciberseguridad NIST:** https://www.ftc.gov/es/guia-par a-negocios/protegiendo-pequenos-negocios/ciberseguridad/ma rco-ciberseguridad-nist

Libros

- **ISO/IEC 27001:2022 Information security management systems — Requirements with guidance for use:**https://www.iso.org/stan dard/27001
- **Guía ISO/IEC 73:2019 Risk management — Vocabulary:** https://w ww.iso.org/standard/44651.html
- **ISO/IEC 27001:2022 Implementation Guide:** https://www.iso.org/ publication/PUB100373.html
- **ISO/IEC 27001:2022: Una guía práctica para la implementación** por David Anglin
- **El libro de bolsillo de ISO/IEC 27001:2022** por Alan Calder
- **Implementando ISO/IEC 27001:2022** por Phil A. Hacey
- **ISO/IEC 27001:2022 para pequeñas empresas** por Ray Hodge
- **ISO/IEC 27001:2022: Una guía completa para la gestión de la seguridad de la información** por Charles J. Katz

Otras lecturas

- **Marco de Ciberseguridad NIST:** https://www.ftc.gov/es/guia-par a-negocios/protegiendo-pequenos-negocios/ciberseguridad/ma rco-ciberseguridad-nist
- **Norma ISO/IEC 27002:2022:** https://www.iso.org/standard/7876 8.html
- **Guía ISO/IEC 27003:2017:** https://www.iso.org/publication/PUB1

00374.html

Cursos online

- **Coursera**
- **edX**
- **Udemy**

Webinars

- **ISACA:** https://www.isaca.org/webinars
- **(ISC)²:** [https://www.isc2.org/Certifications/

Es importante tener en cuenta que esta lista no es exhaustiva y que existen muchos otros recursos y herramientas disponibles. La mejor opción para una organización dependerá de sus necesidades específicas, presupuesto y tamaño.

Apéndice C: Guías para la implementación

Este apéndice proporciona una lista de guías que pueden ser útiles para la implementación de la norma ISO/IEC 27001:2022.

Guía paso a paso para la implementación de ISO/IEC 27001

Introducción:

La norma ISO/IEC 27001 es un conjunto de requisitos para un sistema de gestión de seguridad de la información (SGSI).Es una norma internacional reconocida que ayuda a las organizaciones a proteger sus activos de información de una variedad de amenazas.

Esta guía paso a paso describe cómo implementar ISO/IEC 27001 en su organización con mayor detalle:

Paso 1: Compromiso y planificación:

1.1 Obtener el compromiso de la alta gerencia:

- Realizar presentaciones a la alta gerencia sobre los beneficios de ISO/IEC 27001.
- Explicar cómo ISO/IEC 27001 puede ayudar a la organización a proteger sus activos de información y cumplir con las regulaciones.
- Obtener la aprobación y el compromiso de la alta gerencia para proporcionar los recursos necesarios para la implementación.

1.2 Establecer un equipo de implementación:

- Formar un equipo de implementación con representantes de diferentes departamentos, como TI, seguridad de la información, legal, recursos humanos y operaciones.
- Asignar roles y responsabilidades a los miembros del equipo.
- Asegurar que el equipo tenga la experiencia y el conocimiento necesarios para implementar ISO/IEC 27001.

1.3 Desarrollar un plan de implementación:

- Definir los objetivos de la implementación.
- Establecer un cronograma con hitos y plazos.
- Identificar los recursos necesarios, como presupuesto, personal y capacitación.
- Desarrollar un plan de comunicación para informar a las partes interesadas sobre la implementación.

Paso 2: Análisis de riesgos:

2.1 Identificar los activos de información:

- Realizar un inventario de todos los activos de información de la organización, incluyendo información confidencial, financiera, de clientes y de empleados.

- Clasificar los activos de información por su valor e importancia para la organización.

2.2 Evaluar los riesgos para los activos de información:

- Identificar las amenazas y vulnerabilidades que pueden afectar a los activos de información.
- Analizar el impacto potencial de cada amenaza y vulnerabilidad.
- Calcular el riesgo para cada activo de información.

2.3 Identificar los controles necesarios:

- Seleccionar los controles del Anexo A de ISO/IEC 27001 que son relevantes para los riesgos de la organización.
- Considerar la implementación de controles adicionales que no se encuentran en ISO/IEC 27001.
- Desarrollar un plan de implementación para cada control.

Paso 3: Implementación de controles:

3.1 Implementar los controles seleccionados:

- Documentar los controles y cómo se implementan.
- Capacitar al personal sobre los controles.
- Realizar pruebas para asegurar que los controles funcionan eficazmente.

3.2 Implementar medidas de soporte:

- Establecer un proceso para la gestión de cambios.

- Desarrollar un plan de respuesta a incidentes.
- Implementar un programa de concienciación sobre seguridad de la información.

Paso 4: Medición y monitoreo:

4.1 Establecer indicadores clave de rendimiento (KPIs):

- Identificar los KPIs para medir la eficacia del SGSI.
- Establecer objetivos para cada KPI.
- Recopilar datos y monitorear los KPIs de forma regular.

4.2 Realizar auditorías internas:

- Realizar auditorías internas para verificar la conformidad con ISO/IEC 27001.
- Identificar las áreas de mejora.
- Implementar acciones correctivas para mejorar el SGSI.

4.3 Revisión por la dirección:

- Realizar una revisión por la dirección para evaluar el SGSI.
- Informar a la alta gerencia sobre el desempeño del SGSI.
- Identificar las áreas de mejora.
- Tomar decisiones para mejorar el SGSI.

Guía paso a paso para realizar una evaluación de riesgos de acuerdo a ISO/IEC 73

Introducción:

La norma ISO/IEC 73 proporciona una guía para la gestión de riesgos. Una evaluación de riesgos es un proceso esencial para identificar, evaluar y controlar los riesgos que pueden afectar a la seguridad de la información de una organización.

Esta guía paso a paso describe cómo realizar una evaluación de riesgos de acuerdo a la norma ISO/IEC 73:

Paso 1: Establecer el contexto

1.1 Definir el alcance de la evaluación de riesgos:

- Determinar qué áreas de la organización serán evaluadas. Esto puede incluir toda la organización, un departamento específico o un proceso específico.
- Identificar los activos de información que serán considerados.
- Establecer el período de tiempo que se cubrirá en la evaluación.

1.2 Identificar las partes interesadas relevantes:

- Involucrar a las personas que tienen un interés en la seguridad de la información. Esto puede incluir la alta gerencia, los usuarios de la información, los propietarios de los activos de información, el personal de TI y los especialistas en seguridad de la información.
- Definir los roles y responsabilidades de cada parte interesada.

1.3 Definir los criterios de riesgo:

- Establecer cómo se clasificarán y priorizarán los riesgos. Esto puede basarse en la probabilidad de ocurrencia, el impacto potencial, la sensibilidad de la información o una combinación de estos factores.
- Definir los niveles de riesgo aceptables.

Paso 2: Identificar los riesgos

2.1 Identificar los activos de la información:

- Realizar un inventario de todos los activos de información de la organización. Esto puede incluir información confidencial, información financiera, información de clientes, datos de empleados, etc.
- Clasificar los activos de información según su importancia y sensibilidad.

2.2 Identificar las amenazas y vulnerabilidades:

- Identificar las amenazas internas y externas que pueden afectar a la seguridad de la información. Las amenazas internas pueden incluir errores humanos, robo interno y sabotaje. Las amenazas externas pueden incluir ataques cibernéticos, desastres naturales y errores de proveedores.
- Identificar las vulnerabilidades en los activos de información, los procesos y los sistemas de la organización.Las vulnerabilidades pueden incluir software desactualizado, configuraciones de seguridad incorrectas y falta de capacitación del personal.

2.3 Analizar las causas y consecuencias de los riesgos:

- Para cada riesgo identificado, analizar las causas y las posibles consecuencias.
- Estimar la probabilidad de que ocurra el riesgo.
- Estimar el impacto potencial del riesgo si ocurriera.

Paso 3: Evaluar los riesgos

3.1 Calcular la probabilidad e impacto de los riesgos:

- Utilizar una escala para calificar la probabilidad de ocurrencia y el impacto potencial de cada riesgo.
- Calcular el valor de riesgo para cada riesgo.

3.2 Priorizar los riesgos:

- Ordenar los riesgos por su valor de riesgo.
- Enfocarse en los riesgos con mayor valor de riesgo.

Paso 4: Tratar los riesgos

4.1 Seleccionar las opciones de tratamiento de riesgos:

- Para cada riesgo, seleccionar las opciones de tratamiento de riesgos adecuadas. Las opciones de tratamiento de riesgos pueden incluir:
- Evitar el riesgo.
- Reducir el riesgo.
- Transferir el riesgo.
- Aceptar el riesgo.

4.2 Implementar las medidas de control:

- Implementar las medidas de control necesarias para tratar los riesgos.
- Documentar las medidas de control.

Paso 5: Monitorear y revisar

5.1 Monitorear y revisar los riesgos y las medidas de control:

- Monitorear los riesgos y las medidas de control de forma regular.
- Revisar la evaluación de riesgos al menos una vez al año.

5.2 Actualizar la evaluación de riesgos según sea necesario:

- Actualizar la evaluación de riesgos cuando se produzcan cambios en la organización.
- Actualizar la evaluación de riesgos si se identifican nuevos riesgos o si cambian las probabilidades o impactos de los riesgos existentes.

5.3 Implementar un proceso de mejora continua:

- Utilizar los resultados de la evaluación de riesgos para mejorar el sistema de gestión de la seguridad de la información de la organización.
- Comunicar los resultados de la evaluación de riesgos a las partes interesadas relevantes.

Consejos para realizar una evaluación de riesgos efectiva:

- Involucrar a las partes interesadas relevantes.
- Utilizar un enfoque sistemático y documentado.
- Ser objetivo y realista en la evaluación de los riesgos.

- Priorizar los riesgos y enfocarse en los más importantes.
- Implementar medidas de control efectivas para mitigar los riesgos.
- Monitorear y revisar la evaluación de riesgos de manera regular.

Realizar una evaluación de riesgos de acuerdo a la norma ISO/IEC 73 es un paso esencial para proteger la seguridad de la información de una organización.

Siguiendo los pasos descritos en esta guía, las organizaciones pueden identificar, evaluar y controlar los riesgos de manera efectiva.

Guía paso a paso para desarrollar e implementar controles de seguridad

Introducción:

Los controles de seguridad son medidas que se toman para proteger la información de las amenazas. El desarrollo e implementación de controles de seguridad es un componente esencial de cualquier programa de seguridad de la información.

Esta guía paso a paso describe cómo desarrollar e implementar controles de seguridad en detalle:

Paso 1: Identificar los riesgos:

- Realizar una evaluación de riesgos completa y profunda. Esto implica:
- Identificar los activos de información de la organización. Esto

incluye información confidencial, financiera, de clientes, de empleados, etc.

- Identificar las amenazas y vulnerabilidades. Las amenazas pueden ser internas o externas, e incluyen errores humanos, robo interno, ataques cibernéticos, desastres naturales, etc. Las vulnerabilidades pueden estar en los activos de información, los procesos, los sistemas o la infraestructura.
- Analizar las causas y consecuencias de los riesgos.
- Estimar la probabilidad de ocurrencia y el impacto potencial de cada riesgo.

Paso 2: Seleccionar los controles de seguridad:

- Para cada riesgo, seleccionar los controles de seguridad adecuados. Los controles de seguridad pueden ser:
- Preventivos: para evitar que ocurra un riesgo
- Detectivos: para identificar un riesgo si ocurre.
- Correctivos: para minimizar el impacto de un riesgo si ocurre.
- Considerar el costo, la complejidad y la eficacia de los controles de seguridad. Es importante seleccionar controles que sean rentables, fáciles de implementar y que brinden el nivel de protección adecuado.
- Consultar con expertos en seguridad de la información para obtener ayuda en la selección de los controles.

Paso 3: Implementar los controles de seguridad:

- Desarrollar e implementar los controles de seguridad seleccionados. Esto puede implicar:
- Desarrollar políticas y procedimientos.
- Implementar medidas técnicas de seguridad.

- Capacitar al personal en seguridad de la información.
- Documentar los controles de seguridad. Es importante tener un registro de los controles que se han implementado, cómo funcionan y quién es responsable de ellos.

Paso 4: Monitorear y revisar los controles de seguridad:

- Monitorear los controles de seguridad para asegurar que están funcionando correctamente. Esto puede implicar:
- Realizar pruebas de penetración.
- Revisar los registros de seguridad.
- Realizar auditorías de seguridad.
- Revisar los controles de seguridad de manera regular para asegurar que siguen siendo adecuados. Es importante actualizar los controles si cambian los riesgos o la tecnología.

Consejos para desarrollar e implementar controles de seguridad efectivos:

- **Involucrar a las partes interesadas relevantes.** Esto incluye la alta gerencia, los usuarios de la información, los propietarios de los activos de información, el personal de TI y los especialistas en seguridad de la información.
- Utilizar un enfoque sistemático y documentado.
- Ser objetivo y realista al seleccionar los controles de seguridad.
- Priorizar los controles de seguridad y enfocarse en los más importantes.
- Implementar los controles de seguridad de manera efectiva.
- Monitorear y revisar los controles de seguridad de manera regular.

El desarrollo e implementación de controles de seguridad es un

proceso continuo que debe ser revisado y actualizado de forma regular. Al hacerlo, las organizaciones pueden asegurar que están tomando las medidas necesarias para proteger su información de los riesgos.

Aquí hay algunos ejemplos de controles de seguridad comunes:

Controles de acceso:

- **Control de acceso físico:** para controlar quién tiene acceso a las instalaciones de la organización.
- **Control de acceso lógico:** para controlar quién tiene acceso a la información y los sistemas de la organización.
- **Autenticación:** para verificar la identidad de los usuarios que intentan acceder a la información o los sistemas de la organización.
- **Autorización:** para determinar qué permisos tienen los usuarios para acceder a la información o los sistemas de la organización.

Controles de seguridad perimetral:

- **Firewalls:** para controlar el tráfico de red que entra y sale de la organización.
- **Sistemas de detección de intrusiones (IDS):** para detectar actividades sospechosas en la red.
- **Sistemas de prevención de intrusiones (IPS):** para bloquear automáticamente las actividades sospechosas en la red.

Controles de seguridad de aplicaciones:

- **Pruebas de seguridad de aplicaciones:** para identificar vulnerabilidades en las aplicaciones de software.
- **Análisis de código estático:** para identificar vulnerabilidades en el

código fuente de las aplicaciones.

- **Endurecimiento de aplicaciones:** para aplicar medidas de seguridad a las aplicaciones de software.

Controles de seguridad de datos:

- **Cifrado:** para proteger la información confidencial de miradas indiscretas.
- **Control de acceso a datos:** para controlar quién puede acceder a la información confidencial.
- **Respaldo y recuperación de datos:** para proteger la información en caso de un desastre o un fallo del sistema.

Controles de seguridad de la infraestructura:

- **Seguridad física:** para proteger los sistemas físicos de la organización de accesos no autorizados, daños o robo.
- **Control ambiental:** para proteger los sistemas físicos de la organización de condiciones ambientales extremas.
- **Mantenimiento y gestión de parches:** para mantener los sistemas de la organización actualizados con los últimos parches de seguridad.

La selección de los controles de seguridad adecuados dependerá de los riesgos específicos que enfrenta la organización. Es importante consultar con un experto en seguridad de la información para obtener ayuda en la selección e implementación de controles de seguridad.

Además de los controles de seguridad mencionados anteriormente, existen otros tipos de controles que pueden ser implementados, como:

· **Controles de seguridad de las comunicaciones:** para proteger la información confidencial cuando se transmite entre sistemas.
· **Controles de seguridad de la nube:** para proteger la información que se almacena en la nube.
· **Controles de seguridad de los dispositivos móviles:** para proteger los dispositivos móviles que se utilizan para acceder a la información de la organización.

La seguridad de la información es un proceso continuo que requiere una atención constante. Al implementar una serie de controles de seguridad adecuados y revisarlos y actualizarlos regularmente, las organizaciones pueden proteger su información de los riesgos y minimizar el impacto de un incidente de seguridad.

Guía paso a paso para medir y monitorear el desempeño del sistema de gestión de seguridad de la información

Introducción:

La medición y el monitoreo del desempeño del sistema de gestión de seguridad de la información (SGSI) son esenciales para asegurar que el sistema está funcionando eficazmente y cumpliendo con sus objetivos.

Esta guía paso a paso describe cómo medir y monitorear el desempeño del SGSI:

Paso 1: Definir los objetivos y métricas:

- **Identificar los objetivos del SGSI.** Esto puede incluir:
- Proteger la confidencialidad, integridad y disponibilidad de la información.
- Cumplir con las leyes y regulaciones aplicables.
- Prevenir y detectar incidentes de seguridad.
- Minimizar el impacto de un incidente de seguridad.
- **Desarrollar métricas para medir el logro de cada objetivo.** Las métricas deben ser:
- **Específicas:** Deben definir claramente lo que se va a medir.
- **Medibles:** Deben ser cuantificables.
- **Alcanzables:** Deben ser realistas y alcanzables.
- **Relevantes:** Deben estar relacionadas con los objetivos del SGSI.
- **Temporales:** Deben tener un plazo definido para su medición.

Paso 2: Recopilar datos:

- **Identificar las fuentes de datos para cada métrica.** Las fuentes de datos pueden incluir:
- Registros de auditoría.
- Informes de incidentes de seguridad.
- Encuestas al personal.
- Evaluaciones de riesgos.
- **Desarrollar un proceso para recopilar los datos de forma regular.**

Paso 3: Analizar los datos:

- **Utilizar herramientas y técnicas de análisis de datos para identificar tendencias y patrones.**
- **Comparar los resultados con los objetivos y métricas establecidos.**
- **Identificar áreas de mejora.**

Paso 4: Tomar medidas:

- Desarrollar e implementar planes de acción para mejorar el desempeño del SGSI.
- Comunicar los resultados del monitoreo a la alta gerencia y a las partes interesadas.

Consejos para medir y monitorear el desempeño del SGSI:

- Involucrar a las partes interesadas relevantes.
- Utilizar un enfoque sistemático y documentado.
- Ser objetivo y realista al establecer los objetivos y métricas.
- Recopilar y analizar los datos de forma regular.
- Tomar medidas para mejorar el desempeño del SGSI.
- Comunicar los resultados del monitoreo de forma efectiva.

La medición y el monitoreo del desempeño del SGSI son un proceso continuo que debe ser revisado y actualizado de forma regular. Al hacerlo, las organizaciones pueden asegurar que su SGSI está funcionando eficazmente y protegiendo su información de los riesgos.

Aquí hay algunos ejemplos de métricas que pueden ser utilizadas para medir el desempeño del SGSI:

- Número de incidentes de seguridad.
- Tiempo de respuesta a los incidentes de seguridad.
- Costo de los incidentes de seguridad.
- Nivel de satisfacción del personal con el SGSI.
- Nivel de conocimiento del personal sobre las políticas y procedimientos de seguridad.
- Número de auditorías internas realizadas.

- Número de hallazgos de las auditorías internas.
- Número de medidas correctivas implementadas.

Es importante seleccionar las métricas que sean más relevantes para los objetivos específicos del SGSI de la organización.

Herramientas y técnicas para el análisis de datos:

- **Análisis estadístico:** para identificar tendencias y patrones en los datos.
- **Gráficos y diagramas:** para visualizar los datos de forma clara y comprensible.
- **Informes:** para comunicar los resultados del análisis a las partes interesadas.

Toma de medidas:

- **Desarrollar e implementar planes de acción para mejorar el desempeño del SGSI.** Los planes de acción deben incluir:
- **Objetivos específicos.**
- **Medidas para alcanzar los objetivos.**
- **Responsabilidades.**
- **Plazos.**
- **Comunicar los resultados del monitoreo a la alta gerencia y a las partes interesadas.** Es importante comunicar los resultados de forma clara, concisa y comprensible.

Consejos adicionales:

- **Utilizar un software de gestión de riesgos para facilitar la medición y el monitoreo del desempeño del SGSI.**

- Realizar evaluaciones comparativas con otras organizaciones para identificar las mejores prácticas.
- Mantenerse actualizado con las últimas normas y regulaciones relacionadas con la seguridad de la información.

La medición y el monitoreo del desempeño del SGSI son una parte fundamental de la gestión de la seguridad de la información. Al seguir los pasos descritos en esta guía, las organizaciones pueden asegurar que su SGSI está funcionando eficazmente y protegiendo su información de los riesgos.

Guía paso a paso para conducir una revisión por la dirección

Introducción:

La revisión por la dirección es una reunión formal y periódica, generalmente anual, en la que la alta gerencia revisa el sistema de gestión de seguridad de la información (SGSI) para asegurar que está funcionando eficazmente y cumpliendo con sus objetivos. Es una oportunidad para que la alta gerencia:

- Demuestre su liderazgo y compromiso con la seguridad de la información.
- Revise el desempeño del SGSI.
- Identifique oportunidades de mejora.
- Asigne recursos para mejorar el SGSI.

Esta guía paso a paso describe cómo conducir una revisión por la

dirección en detalle:

Paso 1: Preparación:

1.1 Establecer la fecha, hora y lugar de la revisión:

- Elegir una fecha y hora que sea conveniente para la alta gerencia y las demás partes interesadas.
- Reservar una sala de conferencias o un espacio adecuado para la revisión.
- Asegurarse de que la sala tenga las herramientas y recursos necesarios, como proyector, pantalla, computadora, etc.

1.2 Determinar los participantes de la revisión:

- Involucrar a la alta gerencia, incluyendo al CEO, COO, CFO y otros miembros relevantes del equipo ejecutivo.
- Involucrar a los representantes de la gerencia media, como los jefes de departamento y los propietarios de los procesos.
- Involucrar al personal de seguridad de la información, como el responsable de la seguridad de la información (CISO) y el equipo de seguridad.
- Considerar la posibilidad de invitar a otros expertos o partes interesadas, como auditores internos o consultores externos.

1.3 Desarrollar una agenda para la revisión:

- La agenda debe ser clara, concisa y cubrir todos los temas importantes.
- Incluir tiempo para la presentación de informes, la discusión y la toma de decisiones.

- Compartir la agenda con los participantes con antelación para que puedan prepararse.

1.4 Recopilar la información necesaria para la revisión:

- Recopilar informes de medición y monitoreo del SGSI.
- Recopilar informes de auditorías internas.
- Recopilar informes de incidentes de seguridad.
- Recopilar evaluaciones de riesgos.
- Recopilar cualquier otra información relevante para la revisión.

Paso 2: Conducción de la revisión:

2.1 Iniciar la revisión con una introducción por parte de la alta gerencia:

- Dar la bienvenida a los participantes.
- Expresar la importancia de la revisión por la dirección.
- Establecer el tono y las expectativas para la revisión.

2.2 Presentar los resultados de la medición y el monitoreo del SGSI:

- Presentar los indicadores clave de rendimiento (KPIs) del SGSI.
- Resaltar las áreas de éxito y las áreas de mejora.
- Explicar las causas de las desviaciones de los objetivos.

2.3 Discutir las acciones correctivas y preventivas:

- Revisar las acciones correctivas y preventivas que se han implementado.
- Evaluar la eficacia de las acciones tomadas.

- Identificar nuevas acciones correctivas y preventivas que se necesitan.

2.4 Presentar los resultados de las auditorías internas:

- Presentar los hallazgos de las auditorías internas.
- Identificar las áreas de mejora del SGSI.
- Explicar las causas de las no conformidades.

2.5 Discutir los cambios en el entorno de la organización:

- Identificar los cambios en el entorno legal, regulatorio y tecnológico.
- Evaluar el impacto de estos cambios en el SGSI.
- Determinar las acciones necesarias para adaptarse a estos cambios.

2.6 Revisar los objetivos del SGSI:

- Evaluar si los objetivos del SGSI siguen siendo relevantes y adecuados.
- Establecer nuevos objetivos o modificar los objetivos existentes.
- Asegurar que los objetivos del SGSI estén alineados con la estrategia de la organización.

2.7 Discutir las oportunidades de mejora:

- Identificar las oportunidades para mejorar el SGSI.
- Priorizar las oportunidades de mejora.
- Desarrollar un plan para implementar las mejoras.

2.8 Conclusiones y recomendaciones:

- Resumir los resultados de la revisión.
- Presentar las conclusiones y recomendaciones a la alta gerencia.
- Obtener la aprobación de la alta gerencia para las recomendaciones.

Paso 3: Seguimiento:

3.1 Documentar los resultados de la revisión:

- Escribir un informe que resuma los resultados de la revisión.
- Incluir las conclusiones, recomendaciones y decisiones tomadas.
- Compartir el informe con los participantes y otras partes interesadas.

3.2 Asignar responsabilidades para las acciones acordadas:

- Identificar a las personas responsables de implementar las acciones acordadas.
- Establecer plazos para la implementación de las acciones.
- Monitorear el progreso de las acciones.

3.3 Establecer plazos para las acciones acordadas:

- Establecer plazos realistas para la implementación de las acciones.
- Considerar los recursos disponibles y la complejidad de las acciones.
- Priorizar las acciones que tienen un mayor impacto en la seguridad de la información.

3.4 Monitorear el progreso de las acciones acordadas:

- Establecer un proceso para monitorear el progreso de las acciones.
- Informar a la alta gerencia sobre el progreso de las acciones de

forma regular.

· Realizar ajustes al plan de acción si es necesario.

Consejos para conducir una revisión por la dirección efectiva:

· Involucrar a las partes interesadas relevantes.
· Utilizar un enfoque sistemático y documentado.
· Ser objetivo y realista al evaluar el SGSI.
· Centrarse en la mejora continua del SGSI.
· Comunicar los resultados de la revisión de forma efectiva.

La revisión por la dirección es una herramienta esencial para asegurar que el SGSI está funcionando eficazmente y cumpliendo con sus objetivos. Al seguir los pasos descritos en esta guía, las organizaciones pueden conducir una revisión por la dirección efectiva y mejorar la seguridad de su información.

Aquí hay algunos ejemplos de preguntas que pueden ser utilizadas para iniciar la discusión durante la revisión por la dirección:

· ¿Cuáles son los principales riesgos que enfrenta la organización en términos de seguridad de la información?
· ¿Qué tan efectivo es el SGSI para mitigar estos riesgos?
· ¿Cuáles son las áreas de mejora del SGSI?
· ¿Qué recursos se necesitan para mejorar el SGSI?
· ¿Cómo se puede comunicar mejor la seguridad de la información a la cultura de la organización?

Es importante que la alta gerencia demuestre su liderazgo y compromiso con la seguridad de la información. Al participar activamente en la revisión por la dirección, la alta gerencia puede enviar un mensaje claro a toda la organización de que la seguridad de la información es una prioridad.

La revisión por la dirección es un proceso continuo que debe ser revisado y actualizado de forma regular. Al hacerlo, las organizaciones pueden asegurar que su SGSI está evolucionando y adaptándose a los cambios en el entorno de la organización.

Guía paso a paso para las mejores prácticas en la gestión de riesgos de seguridad de la información

Introducción:

La gestión de riesgos de seguridad de la información es un proceso continuo para identificar, evaluar y mitigar los riesgos que pueden afectar a la confidencialidad, integridad y disponibilidad de la información de una organización. Es una parte fundamental de la seguridad de la información que ayuda a proteger los activos de información de una variedad de amenazas.

Esta guía paso a paso describe las mejores prácticas para la gestión de riesgos de seguridad de la información en detalle:

Paso 1: Identificación de riesgos:

1.1 Identificar los activos de información:

- Realizar un inventario completo de todos los activos de información de la organización, incluyendo información confidencial, financiera, de clientes y de empleados.

- Clasificar los activos de información por su valor e importancia para la organización.
- Considerar la información en diferentes formatos, como papel, digital, en la nube, etc.

1.2 Evaluar las amenazas y vulnerabilidades:

- Identificar las amenazas internas y externas que pueden afectar a los activos de información.
- Analizar las vulnerabilidades en los sistemas, procesos y personas que pueden ser explotadas por las amenazas.
- Considerar las amenazas emergentes como el ransomware, los ataques a la cadena de suministro y la ingeniería social.

1.3 Analizar el impacto potencial:

- Calcular el impacto potencial de cada amenaza y vulnerabilidad en la confidencialidad, integridad y disponibilidad de la información.
- Considerar el impacto financiero, legal y reputacional de un incidente de seguridad.
- Utilizar herramientas y técnicas de análisis de riesgos para cuantificar el impacto.

1.4 Calcular el riesgo:

- Priorizar los riesgos según su impacto y probabilidad.
- Utilizar una matriz de riesgos para visualizar y clasificar los riesgos.
- Determinar los riesgos que requieren atención inmediata.

Paso 2: Evaluación de riesgos:

2.1 Priorizar los riesgos:

- Enfocarse en los riesgos que tienen un mayor impacto en la organización.
- Considerar la probabilidad de que ocurra cada riesgo.
- Utilizar un enfoque basado en el riesgo para la toma de decisiones.

2.2 Seleccionar controles:

- Identificar los controles adecuados para mitigar los riesgos priorizados.
- Considerar una combinación de controles preventivos, detectivos y correctivos.
- Seleccionar controles que sean rentables y fáciles de implementar.

2.3 Desarrollar un plan de implementación:

- Establecer objetivos específicos, medibles, alcanzables, relevantes y con plazos para la implementación de los controles.
- Asignar responsabilidades a las personas y equipos.
- Desarrollar un cronograma con hitos y plazos.

Paso 3: Implementación de controles:

3.1 Documentar los controles:

- Desarrollar una descripción clara y concisa de cada control.
- Especificar cómo se implementará cada control.
- Incluir información sobre los responsables, los recursos y los plazos.

3.2 Capacitar al personal:

- Proporcionar capacitación al personal sobre los controles que deben implementar.
- Concientizar al personal sobre la importancia de la seguridad de la información.
- Realizar simulacros y pruebas para evaluar la eficacia de la capacitación.

3.3 Implementar medidas de soporte:

- Establecer un proceso para la gestión de cambios que asegure que los nuevos cambios no introduzcan nuevos riesgos.
- Desarrollar un plan de respuesta a incidentes que define cómo la organización responderá a un incidente de seguridad.
- Implementar un programa de concienciación sobre seguridad de la información para mantener al personal actualizado sobre las amenazas y los riesgos.

Paso 4: Monitoreo y revisión:

4.1 Monitorear los riesgos:

- Monitorear los riesgos de forma regular para identificar nuevos riesgos o cambios en los riesgos existentes.
- Utilizar indicadores clave de rendimiento (KPIs) para medir la eficacia de la gestión de riesgos.
- Realizar auditorías internas para verificar la conformidad con las normas y regulaciones.

4.2 Revisar el SGSI:

- Realizar una revisión anual del sistema de gestión de seguridad de la información (SGSI) para evaluar su eficacia.
- La revisión debe ser realizada por la alta gerencia o por un equipo independiente.
- La revisión debe cubrir todos los aspectos del SGSI, incluyendo la identificación de riesgos, la evaluación de riesgos, la implementación de controles y el monitoreo de riesgos.
- Identificar las áreas de mejora.
- Las áreas de mejora pueden incluir la necesidad de actualizar los controles, mejorar la capacitación del personal o aumentar la inversión en seguridad de la información.
- Implementar acciones correctivas para mejorar el SGSI.
- Las acciones correctivas deben ser específicas, medibles, alcanzables, relevantes y con plazos.
- Se debe asignar la responsabilidad de la implementación de las acciones correctivas a las personas y equipos correspondientes.

Consejos para la implementación exitosa de las mejores prácticas en la gestión de riesgos de seguridad de la información:

- Involucrar a las partes interesadas relevantes.
- Utilizar un enfoque sistemático y documentado.
- Ser objetivo y realista al evaluar los riesgos.
- Centrarse en la mejora continua del SGSI.
- Comunicar los resultados de la implementación de forma efectiva.

La gestión de riesgos de seguridad de la información es una parte fundamental de la seguridad de la información. Al seguir las mejores prácticas descritas en esta guía, las organizaciones pueden identificar, evaluar y mitigar los riesgos que pueden afectar a su información de forma efectiva.

Aquí hay algunos ejemplos de preguntas que pueden ser utilizadas para iniciar la discusión sobre las mejores prácticas en la gestión de riesgos de seguridad de la información:

- ¿Cuáles son los principales riesgos de seguridad de la información que enfrenta la organización?
- ¿Qué controles se necesitan para mitigar estos riesgos?
- ¿Cómo se documentarán e implementarán los controles?
- ¿Cómo se capacitará al personal sobre los controles?
- ¿Cómo se medirá y monitoreará la eficacia del SGSI?

Es importante recordar que la gestión de riesgos de seguridad de la información es un proceso continuo. La organización debe revisar y actualizar su SGSI de forma regular para asegurar que continúa siendo eficaz y cumple con sus objetivos.

Además de las mejores prácticas descritas en esta guía, hay otras medidas que las organizaciones pueden tomar para mejorar su gestión de riesgos de seguridad de la información. Estas medidas incluyen:

- Implementar un programa de seguridad de la información completo que abarque todos los aspectos de la seguridad de la información.
- Realizar pruebas de penetración y evaluaciones de vulnerabilidades de forma regular.
- Mantenerse actualizado sobre las últimas amenazas y vulnerabilidades de seguridad.
- Compartir información sobre seguridad de la información con otras organizaciones.

Al tomar estas medidas, las organizaciones pueden mejorar significativamente su capacidad para proteger sus activos de información de

una variedad de amenazas.

Apéndice D: Plantillas para la implementación

Este apéndice proporciona una lista de plantillas que pueden ser útiles para la implementación de la norma ISO/IEC 27001:2022.

Plantilla de Análisis de Riesgos

Información general:

- **Nombre del proyecto:** (Especificar el nombre del proyecto)
- **Fecha:** (Indicar la fecha actual)
- **Responsable del análisis:** (Nombre del responsable del análisis)
- **Descripción del proyecto:** (Descripción breve y concisa del proyecto)

Identificación de riesgos:

1. Brainstorming:

- Reunir a las partes interesadas del proyecto (equipo, stakeholders, etc.) para realizar una lluvia de ideas y discutir los posibles riesgos que pueden afectar al proyecto.

- Utilizar técnicas como el diagrama de Ishikawa o el análisis FMEA para identificar las causas potenciales de los riesgos.
- Considerar riesgos relacionados con:
- **Alcance:** Cambios en el alcance del proyecto, errores en la definición de los entregables, falta de requisitos claros.
- **Tiempo:** Retrasos en la ejecución del proyecto, falta de planificación, recursos insuficientes.
- **Costo:** Sobrecostos, presupuesto insuficiente, errores en la estimación de costos.
- **Calidad:** Defectos en los entregables, incumplimiento de los requisitos de calidad, errores en la planificación de pruebas.
- **Recursos humanos:** Falta de personal con las habilidades y experiencia necesarias, rotación del personal, baja motivación.
- **Comunicación:** Falta de comunicación entre las partes interesadas, malentendidos, información incompleta o incorrecta.
- **Tecnologías:** Fallas tecnológicas, obsolescencia de las tecnologías, incompatibilidades entre sistemas.
- **Entorno:** Cambios en el entorno del proyecto (mercado, legislación, etc.), factores externos que puedan afectar al proyecto.

2. Análisis de riesgos históricos:

- Revisar proyectos similares anteriores para identificar riesgos que se han presentado en el pasado.
- Analizar las causas de los riesgos y las medidas que se tomaron para mitigarlos.
- Utilizar esta información para identificar posibles riesgos en el proyecto actual.

3. Investigación y análisis:

- Investigar las tendencias del mercado, la competencia y el entorno del proyecto para identificar posibles riesgos.
- Analizar las condiciones del entorno (políticas, económicas, sociales, etc.) que puedan afectar al proyecto.

Evaluación de riesgos:

1. Cálculo de la probabilidad:

- Para cada riesgo identificado, estimar la probabilidad de que ocurra.
- Utilizar una escala de probabilidad, por ejemplo:
- Baja (1-20%)
- Media (21-60%)
- Alta (61-100%)

2. Cálculo del impacto:

- Para cada riesgo identificado, estimar el impacto potencial en el proyecto si se materializa.
- Considerar el impacto en el alcance, tiempo, costo, calidad, recursos humanos, etc.
- Utilizar una escala de impacto, por ejemplo:
- Bajo (1-3 puntos)
- Medio (4-6 puntos)
- Alto (7-10 puntos)

3. Priorización de riesgos:

- Multiplicar la probabilidad de ocurrencia por el impacto para obtener la prioridad de cada riesgo.
- Priorizar los riesgos según su valor de prioridad, de mayor a menor.

Matriz de riesgos:

Probabilidad	Impacto	Prioridad	Riesgo	Descripción del riesgo	Causas potenciales
Baja (1-20%)	Bajo (1-3 puntos)	Baja			
Baja (1-20%)	Medio (4-6 puntos)	Media			
Baja (1-20%)	Alto (7-10 puntos)	Alta			
Media (21-60%)	Bajo (1-3 puntos)	Media			
Media (21-60%)	Medio (4-6 puntos)	Alta			
Media (21-60%)	Alto (7-10 puntos)	Muy Alta			
Alta (61-100%)	Bajo (1-3 puntos)	Alta			
Alta (61-100%)	Medio (4-6 puntos)	Muy Alta			
Alta (61-100%)	Alto (7-10 puntos)	Extrema			

Plan de acción:

1. Desarrollo de estrategias de mitigación:

- Para cada riesgo priorizado, desarrollar estrategias para mitigar su probabilidad e impacto.
- Considerar estrategias como:
- **Prevención:** Eliminar o reducir la probabilidad de que ocurra el riesgo.
- **Detección:** Implementar medidas para detectar el riesgo de manera temprana.
- **Contingencia:** Desarrollar un plan de acción para responder al riesgo si se materializa.

2. Planificación de acciones:

- Para cada estrategia de mitigación, definir acciones específicas a realizar.
- Asignar responsables para cada acción, fechas límite y recursos necesarios.

- Incluir indicadores para medir la efectividad de las acciones implementadas.

3. Monitoreo y seguimiento:

- Monitorear y revisar los riesgos y las acciones de mitigación de forma regular.
- Actualizar el análisis de riesgos y el plan de acción según sea necesario.
- Comunicar los resultados del análisis de riesgos y el plan de acción a las partes interesadas.

Consejos para realizar un análisis de riesgos efectivo:

- Involucrar a las partes interesadas relevantes.
- Utilizar un enfoque sistemático y documentado.
- Ser objetivo y realista al evaluar los riesgos.
- Centrarse en la identificación de los riesgos más importantes.
- Desarrollar planes de acción específicos y medibles.
- Comunicar los resultados del análisis de riesgos de forma efectiva.

El análisis de riesgos es una herramienta fundamental para la gestión de proyectos. Al realizar un análisis de riesgos efectivo, las organizaciones pueden identificar, evaluar y mitigar los riesgos que pueden afectar al éxito del proyecto.

A continuación, se presenta un ejemplo de cómo se puede completar la plantilla de análisis de riesgos:

Nombre del proyecto: Implementación de un nuevo sistema de información

Fecha: 2023-11-14

Responsable del análisis: Juan Pérez

Descripción del proyecto: El proyecto consiste en la implementación de un nuevo sistema de información para la gestión de los procesos de la empresa.

Identificación de riesgos:

- **Riesgo 1:** Retraso en la entrega del proyecto.
- **Descripción del riesgo:** El proyecto podría retrasarse debido a problemas con la planificación, la ejecución o la integración del nuevo sistema.
- **Causas potenciales:** Falta de recursos humanos, errores en la planificación, problemas técnicos, cambios en los requisitos del proyecto.

Evaluación de riesgos:

- **Probabilidad:** Media (21-60%)
- **Impacto:** Alto (7-10 puntos)
- **Prioridad:** Alta

Plan de acción:

- **Estrategia de mitigación:** Implementar un plan de gestión de proyectos robusto y actualizado.
- **Acciones:**
- Definir claramente los objetivos, el alcance y los entregables del proyecto.

- Desarrollar un cronograma detallado con hitos y fechas límite.
- Asignar recursos humanos con las habilidades y experiencia necesarias.
- Implementar un sistema de seguimiento y control del proyecto.
- Realizar pruebas exhaustivas del nuevo sistema antes de su implementación.

Responsable: Juan Pérez

Fecha límite: 2023-12-31

Indicador: Porcentaje de avance del proyecto según el cronograma.

Monitoreo y seguimiento:

- Se realizarán reuniones semanales de seguimiento del proyecto.
- Se actualizará el cronograma del proyecto de forma regular.
- Se comunicarán los avances del proyecto a las partes interesadas.

Este es solo un ejemplo de cómo se puede completar la plantilla de análisis de riesgos. La información y los detalles específicos del análisis de riesgos dependerán del proyecto

Plantilla de Declaración de Aplicación

Información general:

- **Nombre del proyecto:**

- **Fecha:**
- **Responsable de la declaración:**
- **Descripción del proyecto:**

Objetivo de la aplicación:

- ¿Qué problema o necesidad resuelve la aplicación?
- ¿A qué usuarios va dirigida la aplicación?
- ¿Cuáles son los beneficios esperados de la aplicación?

Funcionalidades de la aplicación:

- Descripción de las funcionalidades principales de la aplicación.
- Incluir capturas de pantalla o diagramas para ilustrar las funcionalidades.

Requisitos técnicos:

- Hardware y software necesarios para ejecutar la aplicación.
- Requisitos de seguridad y privacidad.
- Requisitos de integración con otros sistemas.

Plan de desarrollo:

- Cronograma del desarrollo de la aplicación.
- Metodología de desarrollo que se utilizará.
- Recursos humanos y financieros necesarios.

Riesgos y desafíos:

- Identificación de los principales riesgos y desafíos del proyecto.

- Plan de acción para mitigar los riesgos y desafíos.

Conclusiones:

- Resumen de los puntos clave de la declaración de aplicación.
- Solicitud de aprobación del proyecto.

Consejos para escribir una declaración de aplicación efectiva:

- Ser claro y conciso.
- Enfocarse en los beneficios de la aplicación.
- Incluir información técnica relevante.
- Presentar un plan de desarrollo realista.
- Identificar y mitigar los riesgos del proyecto.
- Comunicar la propuesta de manera convincente.

La declaración de aplicación es un documento crucial para obtener la aprobación de un proyecto. Al escribir una declaración de aplicación efectiva, las organizaciones pueden aumentar sus posibilidades de éxito en el desarrollo de su aplicación.

A continuación, se presenta un ejemplo de cómo se puede completar la plantilla de declaración de aplicación:

Nombre del proyecto: Aplicación móvil para la gestión de tareas

Fecha: 2023-11-14

Responsable de la declaración: María López

Descripción del proyecto: El proyecto consiste en el desarrollo de una aplicación móvil para la gestión de tareas que permita a los usuarios organizar y realizar sus tareas de forma eficiente.

Objetivo de la aplicación:

- **Problema o necesidad:** Los usuarios tienen dificultades para organizar y realizar sus tareas debido a la falta de una herramienta adecuada.
- **Usuarios objetivo:** Profesionales, estudiantes y cualquier persona que necesite gestionar sus tareas.
- **Beneficios esperados:** Mayor productividad, mejor organización, reducción del estrés.

Funcionalidades de la aplicación:

- Creación y gestión de tareas.
- Priorización de tareas.
- Asignación de tareas a otros usuarios.
- Seguimiento del progreso de las tareas.
- Notificaciones y recordatorios.

Requisitos técnicos:

- **Hardware:** Smartphone o tablet con sistema operativo iOS o Android.
- **Software:** Aplicación nativa desarrollada con Swift para iOS y Kotlin para Android.
- **Seguridad y privacidad:** Almacenamiento seguro de datos en la nube. Cumplimiento de las normas de privacidad de datos.

Plan de desarrollo:

- **Cronograma:**
- Fase de diseño: 3 meses.
- Fase de desarrollo: 6 meses.
- Fase de pruebas: 3 meses.
- **Metodología de desarrollo:** Scrum.
- **Recursos humanos:** 2 desarrolladores, 1 diseñador UX/UI, 1 tester.
- **Recursos financieros:** $50.000.

Riesgos y desafíos:

- **Riesgo 1:** Retraso en el desarrollo de la aplicación debido a problemas técnicos o de recursos humanos.
- **Riesgo 2:** La aplicación no cumple con las expectativas de los usuarios.
- **Plan de acción:**
- Implementar un plan de gestión de riesgos.
- Realizar pruebas exhaustivas de la aplicación con usuarios reales.

Conclusiones:

- La aplicación móvil para la gestión de tareas tiene un alto potencial para ser exitosa.
- La aplicación ofrece una solución a un problema real que tienen los usuarios.
- El equipo de desarrollo tiene la experiencia y los conocimientos necesarios para desarrollar la aplicación de forma exitosa.
- Se ha desarrollado un plan de desarrollo realista que incluye los recursos necesarios para el proyecto.
- Se han identificado los principales riesgos del proyecto y se ha desarrollado un plan de acción para mitigarlos.

Solicitud de aprobación:

Por lo tanto, se solicita la aprobación del proyecto para el desarrollo de la aplicación móvil para la gestión de tareas.

Firma del responsable: María López

Fecha: 2023-11-14

Este es solo un ejemplo de cómo se puede completar la plantilla de declaración de aplicación. La información y los detalles específicos de la declaración de aplicación dependerán del proyecto en cuestión.

Al escribir una declaración de aplicación efectiva, las organizaciones pueden aumentar sus posibilidades de éxito en el desarrollo de su aplicación.

Plantilla de Política de Seguridad de la Información

1. Introducción:

- Descripción del propósito de la política.
- Alcance de la política (a qué empleados, departamentos o información se aplica).
- Responsabilidades de los empleados y la gerencia.

2. Clasificación de la información:

- Definición de diferentes niveles de confidencialidad (p. ej., pública, interna, confidencial, secreta).

- Criterios para clasificar la información.
- Marcado de la información con el nivel de confidencialidad adecuado.

3. Protección de la información:

- Controles de acceso físicos y lógicos para proteger la información.
- Medidas para prevenir la fuga de información (p. ej., control de dispositivos, políticas de correo electrónico).
- Uso de contraseñas seguras y autenticación multifactor.

4. Gestión de incidentes de seguridad:

- Procedimiento para reportar incidentes de seguridad.
- Investigación de incidentes y medidas disciplinarias.
- Plan de recuperación de desastres y continuidad del negocio.

5. Concienciación y formación:

- Programa de formación en seguridad de la información para empleados.
- Comunicación regular sobre las políticas y procedimientos de seguridad.

6. Revisión y actualización:

- Revisión regular de la política para asegurar que sigue siendo efectiva.
- Actualización de la política según sea necesario para adaptarse a los cambios en el entorno.

7. Anexos:

- Lista de recursos adicionales sobre seguridad de la información.
- Ejemplos de formularios y procedimientos.

Consejos para escribir una política de seguridad de la información efectiva:

- Ser clara, concisa y fácil de entender.
- Incluir todos los aspectos relevantes de la seguridad de la información.
- Ser específica sobre las responsabilidades de los empleados y la gerencia.
- Comunicar la política a todos los empleados.
- Revisar y actualizar la política de forma regular.

La política de seguridad de la información es un documento fundamental para proteger la información de una organización. Al escribir una política efectiva, las organizaciones pueden aumentar su seguridad y reducir el riesgo de sufrir un incidente de seguridad.

A continuación, se presenta un ejemplo de cómo se puede completar la plantilla de política de seguridad de la información:

1. Introducción:

- **Propósito:** Esta política establece los requisitos para la protección de la información confidencial de la empresa.
- **Alcance:** Esta política se aplica a todos los empleados, contratistas y visitantes que tengan acceso a la información de la empresa.
- **Responsabilidades:**

- **Empleados:** Los empleados son responsables de proteger la información confidencial de la empresa.
- **Gerencia:** La gerencia es responsable de implementar y mantener la política de seguridad de la información.

2. Clasificación de la información:

- **Niveles de confidencialidad:**
- **Pública:** Información que puede ser compartida con el público en general.
- **Interna:** Información que solo puede ser compartida con empleados de la empresa.
- **Confidencial:** Información que solo puede ser compartida con empleados que tengan una necesidad legítima de conocerla.
- **Secreta:** Información que solo puede ser compartida con un número limitado de empleados con una necesidad específica de conocerla.
- **Criterios para clasificar la información:**
- Impacto potencial en la empresa si la información se revela sin autorización.
- Valor de la información para la empresa.
- Requisitos legales o contractuales para proteger la información.
- **Marcado de la información:**
- Toda la información confidencial debe ser marcada con el nivel de confidencialidad adecuado.
- El marcado debe ser visible y fácil de identificar.

3. Protección de la información:

- **Controles de acceso físicos:**
- Restringir el acceso a las áreas donde se almacena información confidencial.

- Utilizar cerraduras y sistemas de seguridad para proteger las áreas restringidas.
- Controlar el acceso a los dispositivos que contienen información confidencial.
- **Controles de acceso lógicos:**
- Utilizar contraseñas seguras y autenticación multifactor para acceder a la información confidencial.
- Limitar el acceso a la información confidencial a los empleados que tengan una necesidad legítima de conocerla.
- Implementar medidas para prevenir la fuga de información (p. ej., control de dispositivos, políticas de correo electrónico).

4. Gestión de incidentes de seguridad:

- **Procedimiento para reportar incidentes de seguridad:**
- Todos los empleados deben reportar cualquier incidente de seguridad a su supervisor inmediato.
- Los supervisores deben reportar los incidentes de seguridad al departamento de seguridad de la información.
- **Investigación de incidentes y medidas disciplinarias:**
- El departamento de seguridad de la información investigará todos los incidentes de seguridad.
- Se tomarán medidas disciplinarias contra los empleados que incumplan la política de seguridad de la información.
- **Plan de recuperación de desastres y continuidad del negocio:**
- La empresa debe tener un plan para recuperar la información en caso de un desastre.
- El plan de recuperación de desastres debe incluir medidas para garantizar la continuidad del negocio.

5. Concienciación y formación:

- **Programa de formación en seguridad de la información para empleados:**
- Todos los empleados deben recibir formación en seguridad de la información.
- La formación debe cubrir los siguientes temas:
- Conceptos básicos de seguridad de la información.
- Política de seguridad de la información de la empresa.
- Procedimientos para reportar incidentes de seguridad.
- Cómo proteger la información confidencial.
- **Comunicación regular sobre las políticas y procedimientos de seguridad:**
- La empresa debe comunicar regularmente las políticas y procedimientos de seguridad a los empleados.
- La comunicación se puede realizar a través de correos electrónicos, reuniones, intranet, etc.

6. Revisión y actualización:

- **Revisión regular de la política:**
- La política de seguridad de la información debe ser revisada regularmente para asegurar que sigue siendo efectiva.
- La revisión debe realizarse al menos una vez al año.
- **Actualización de la política según sea necesario:**
- La política de seguridad de la información debe ser actualizada según sea necesario para adaptarse a los cambios en el entorno.
- La política debe ser actualizada en caso de que se produzca un incidente de seguridad importante.

7. Anexos:

- **Lista de recursos adicionales sobre seguridad de la información.**

· **Ejemplos de formularios y procedimientos.**

Este es solo un ejemplo de cómo se puede completar la plantilla de política de seguridad de la información. La información y los detalles específicos de la política de seguridad de la información dependerán de la organización en cuestión.

Al escribir una política de seguridad de la información efectiva, las organizaciones pueden aumentar su seguridad y reducir el riesgo de sufrir un incidente de seguridad.

Plantilla de Procedimiento de Control de Acceso

1. Introducción:

· **Objetivo del procedimiento:** Definir los requisitos para el control de acceso a los recursos de la organización.
· **Alcance del procedimiento:** Este procedimiento se aplica a todos los empleados, contratistas y visitantes que tengan acceso a los recursos de la organización.
· **Responsabilidades:**
· **Responsable de seguridad de la información:** responsable de la implementación y mantenimiento del procedimiento de control de acceso.
· **Usuarios:** responsables de cumplir con las normas de control de acceso.

2. Clasificación de recursos:

- Definición de diferentes niveles de acceso (p. ej., público, interno, confidencial).
- Criterios para clasificar los recursos.
- Marcado de los recursos con el nivel de acceso adecuado.

3. Métodos de control de acceso:

- Uso de contraseñas seguras y autenticación multifactor.
- Control de acceso basado en roles (RBAC).
- Listas de control de acceso (ACL).
- Dispositivos de seguridad física (p. ej., tarjetas de acceso, biometría).

4. Gestión de solicitudes de acceso:

- Proceso para solicitar acceso a recursos.
- Aprobación de solicitudes de acceso.
- Revisión y actualización de permisos de acceso.

5. Revocación de acceso:

- Procedimiento para revocar el acceso a recursos cuando sea necesario.
- Motivos para revocar el acceso (p. ej., cambio de rol, terminación de la relación laboral).

6. Auditoría y revisión:

- Realización de auditorías regulares para verificar el cumplimiento del procedimiento de control de acceso.
- Revisión del procedimiento de control de acceso para asegurar que

sigue siendo efectivo.

7. Anexos:

- Lista de recursos adicionales sobre control de acceso.
- Ejemplos de formularios y procedimientos.

Consejos para escribir un procedimiento de control de acceso efectivo:

- Ser claro, conciso y fácil de entender.
- Incluir todos los aspectos relevantes del control de acceso.
- Ser específico sobre las responsabilidades de los usuarios y del responsable de la seguridad de la información.
- Comunicar el procedimiento a todos los usuarios.
- Revisar y actualizar el procedimiento de forma regular.

El procedimiento de control de acceso es una herramienta fundamental para proteger los recursos de una organización. Al escribir un procedimiento efectivo, las organizaciones pueden aumentar su seguridad y reducir el riesgo de sufrir un incidente de seguridad.

A continuación, se presenta un ejemplo de cómo se puede completar la plantilla de procedimiento de control de acceso:

1. Introducción:

- **Objetivo:** Proteger los recursos de la organización contra el acceso no autorizado.
- **Alcance:** Todos los empleados, contratistas y visitantes que tengan acceso a los recursos de la organización.
- **Responsabilidades:**

- **Responsable de seguridad de la información:** Implementar y mantener el procedimiento.
- **Usuarios:** Cumplir con las normas de control de acceso.

2. Clasificación de recursos:

- **Niveles de acceso:**
- **Público:** Acceso sin restricciones.
- **Interno:** Acceso solo para empleados de la organización.
- **Confidencial:** Acceso solo para empleados con autorización específica.
- **Criterios para clasificar:**
- Impacto potencial en la organización si se accede sin autorización.
- Valor del recurso para la organización.
- Requisitos legales o contractuales para proteger el recurso.
- **Marcado de recursos:**
- Etiqueta visible con el nivel de acceso.

3. Métodos de control de acceso:

- **Contraseñas seguras:**
- Al menos 8 caracteres.
- Combinación de letras mayúsculas y minúsculas, números y símbolos.
- No usar palabras comunes o información personal.
- Cambiar las contraseñas regularmente.
- **Autenticación multifactor:**
- Segundo factor de autenticación como un código de un solo uso o huella digital.
- **Control de acceso basado en roles (RBAC):**
- Permisos de acceso basados en el rol del usuario en la organización.

- **Listas de control de acceso (ACL):**
- Permisos de acceso específicos para cada usuario o grupo de usuarios.
- **Dispositivos de seguridad física:**
- Tarjetas de acceso para controlar el acceso a las instalaciones.
- Biometría para verificar la identidad de los usuarios.

4. Gestión de solicitudes de acceso:

- **Formulario de solicitud de acceso:**
- Información del usuario, recurso al que se solicita acceso y justificación.
- **Aprobación de solicitudes:**
- Supervisor del usuario o responsable de seguridad de la información.
- **Revisión y actualización de permisos:**
- Regularmente o cuando cambie el rol del usuario o la clasificación del recurso.

5. Revocación de acceso:

- **Motivos para revocar el acceso:**
- Cambio de rol del usuario.
- Terminación de la relación laboral.
- Incumplimiento de las normas de seguridad.
- **Procedimiento para revocar el acceso:**
- Inmediatamente y de forma segura.
- Notificar al usuario.

6. Auditoría y revisión:

- **Auditorías regulares:**
- Verificar el cumplimiento del procedimiento.
- Identificar y corregir las deficiencias.
- **Revisión del procedimiento:**
- Anualmente o cuando sea necesario.
- Asegurar que sigue siendo efectivo.

7. Anexos:

- **Formulario de solicitud de acceso.**
- **Lista de roles y permisos de acceso.**
- **Guía para la creación de contraseñas seguras.**

Este es solo un ejemplo de cómo se puede completar la plantilla de procedimiento de control de acceso. La información y los detalles específicos del procedimiento de control de acceso dependerán de la organización en cuestión.

Al escribir un procedimiento de control de acceso efectivo, las organizaciones pueden aumentar su seguridad y reducir el riesgo de sufrir un incidente de seguridad.

Es importante tener en cuenta que estas plantillas son solo ejemplos y que pueden ser adaptadas a las necesidades específicas de cada organización.

About the Author

Edgardo Fernández Climent, un destacado profesional de la informática con más de dos décadas de experiencia, ha dejado una huella indeleble en los ámbitos de infraestructura, redes y ciberseguridad. Tras graduarse con honores en Sistemas de Información Computarizados, Edgardo cursó un MBA y un Máster en Sistemas de Información de Gestión. Posee varias certificaciones de la industria como PMP, ITIL4 y Security+.

A lo largo de su carrera, el compromiso de Edgardo con mantenerse al tanto de las tecnologías emergentes y las tendencias de la industria permaneció inquebrantable. Su liderazgo al guiar a organizaciones a través de paisajes tecnológicos complejos y protegerlos contra amenazas cibernéticas se ha convertido en un testimonio de su experiencia y previsión.

No solo un virtuoso técnico, Edgardo también se ganó una reputación por mentorizar e inspirar a la próxima generación de profesionales de TI. Su dedicación a compartir conocimientos y fomentar un ambiente de trabajo colaborativo ha dejado un impacto duradero en los equipos que dirigió.

Hoy, como un consultor muy solicitado en la industria de TI, Edgardo continúa dando forma al paisaje tecnológico, impulsando la innovación y fortaleciendo a las organizaciones contra los desafíos siempre en evolución de la era digital. Su trayectoria es un testimonio del poder transformador de la experiencia, la pericia y la incesante búsqueda de excelencia en el dinámico campo de la tecnología de la información.

You can connect with me on:

🌐 https://fernandezcliment.com

🔗 https://amazon.com/author/efernandezcliment

Subscribe to my newsletter:

✉ https://fernandezcliment.com/join-our-mail-list

Also by Edgardo Fernandez Climent

Curso de ITIL4 para Profesionales de TI

Este libro es una guía exhaustiva y accesible diseñada para introducir y profundizar en el marco de ITIL4, la última evolución en las mejores prácticas de gestión de servicios de TI. A lo largo de sus capítulos, el libro desgrana los principios fundamentales, las prácticas clave, y las estrategias de implementación de ITIL4, brindando tanto a los novatos como a los profesionales experimentados en ITSM los conocimientos necesarios para mejorar la eficiencia, efectividad y alineación de los servicios de TI con los objetivos de negocio.

Desde un inicio, el texto establece una sólida comprensión de ITIL4, explicando su importancia en el contexto actual de transformación digital y cómo puede servir como un catalizador para la mejora continua dentro de las organizaciones. Se exploran en detalle las prácticas de gestión de servicios, desde la gestión de incidentes y problemas hasta la gestión de cambios, proporcionando pasos claros y consejos prácticos para su implementación efectiva.

A través de casos de estudio y ejemplos reales, se ilustran las aplicaciones prácticas de ITIL4 en diversos contextos, incluyendo pequeñas y medianas empresas, grandes corporaciones y el sector público, ofreciendo una visión realista de los desafíos y beneficios asociados con su implementación.

Un aspecto clave del libro es su enfoque en la educación continua y el desarrollo profesional, proporcionando una amplia gama de recursos, herramientas y consejos para aquellos que buscan avanzar en su comprensión y aplicación de ITIL4. Se incluyen recomendaciones de libros, cursos, certificaciones y comunidades en línea para apoyar el aprendizaje y el intercambio de conocimientos entre profesionales de ITSM.

En resumen, este libro actúa como un recurso integral para cualquiera que busque implementar o mejorar sus prácticas de gestión de servicios de TI utilizando ITIL4. Con su enfoque práctico, consejos detallados y ejemplos relevantes, es una herramienta indispensable para facilitar la transición a un modelo de gestión de servicios más ágil, resiliente y alineado con las necesidades del negocio.

ITIL4 in Action: A Step-by-Step Guide for IT Professionals

"ITIL4 in Action: A Step-by-Step Guide for IT Professionals" is an invaluable resource that demystifies the principles and practices of ITIL 4, offering a hands-on approach for IT professionals navigating the world of IT service management. This comprehensive guide provides a clear roadmap, allowing readers to seamlessly integrate ITIL 4 into their daily operations. Through step-by-step guides, real-world scenarios, and actionable insights, the book equips IT professionals with the tools to enhance service delivery, optimize processes, and align IT services with organizational goals. Whether you're a seasoned IT expert or a newcomer to ITIL, this book serves as a trusted companion, offering a practical and accessible journey through the implementation of ITIL 4 practices.

The Road to Recovery: A Step-by-Step Handbook for IT Professionals in Crafting an IT Infrastructure Disaster Recovery Plan

Disasters lurk around every corner, threatening to cripple your organization's IT infrastructure and disrupt critical operations. As an IT professional, you stand as the guardian of resilience, responsible for safeguarding data, resources, and business continuity in the face of the unforeseen. **The Road to Recovery** serves as your comprehensive roadmap to crafting a robust disaster recovery plan, empowering you to navigate adversity with confidence.

This step-by-step guide delves into the core concepts of disaster recovery, equipping you with the knowledge to identify potential threats, from natural disasters like earthquakes and floods to cyberattacks and data breaches. Through a thorough assessment of your IT infrastructure, you'll learn to map critical systems, identify dependencies, and evaluate potential impact, gaining valuable insights to inform your decision-making.

The heart of the book lies in crafting a comprehensive disaster recovery plan. You'll gain a clear understanding of defining recovery objectives, establishing Recovery Time Objectives (RTOs) and Recovery Point Objectives (RPOs), and exploring a diverse range of recovery strategies tailored to your organization's specific needs. Whether it's implementing backup and restoration procedures, leveraging hot or cold sites, or utilizing cloud-based solutions, you'll have the knowledge to build a plan that truly works.

But creating a plan is only half the battle. **The Road to Recovery** emphasizes the crucial role of testing and maintenance. Learn practical testing procedures and simulation techniques to identify weaknesses and ensure your plan can withstand real-world challenges. Ongoing maintenance and monitoring are also covered, highlighting the importance of continuous adaptation to reflect evolving technology and threats.

This book is your indispensable companion on the journey to safeguarding your IT infrastructure. With its expert guidance and practical strategies, you'll be empowered to:

Proactively identify and anticipate threats to your IT infrastructure.

Conduct a thorough assessment of your critical systems and dependencies.

Craft a comprehensive disaster recovery plan aligned with your organization's specific needs.

Implement effective testing and maintenance procedures to ensure plan effectiveness.

Adapt your plan to evolving technology and threats, guaranteeing long-term resilience.

The Road to Recovery is more than just a handbook; it's an investment in your organization's future. By taking control of disaster preparedness, you ensure business continuity, minimize downtime, and emerge from challenges stronger than ever.

Is your IT infrastructure ready for the unexpected? Start your journey to recovery today.

Leveraging Generative AI in IT Project Management: A Practical Guide

"Leveraging Generative AI in IT Project Management: A Practical Guide" is an indispensable resource for IT project managers and professionals seeking to navigate the complexities of modern project landscapes with the innovative power of Generative AI (GenAI). This comprehensive guide begins with a foundational preface on GenAI's significance in IT project management and offers readers an instructive roadmap on utilizing the book to its full potential. From the fundamentals of GenAI technologies, key concepts, and their application in IT projects, to the strategic integration of GenAI for project planning, documentation, and risk management, this book covers all the essential grounds.

Through detailed chapters, readers will learn how to set up their projects for success with GenAI, including choosing the right models, integrating AI into existing systems, and using GenAI for dynamic documentation and real-time project tracking. The book also delves into the softer aspects of project management, such as fostering an AI-ready culture, managing human-AI collaboration, and navigating the governance and ethical challenges posed by AI technologies. With a focus on practical applications, each chapter is enriched with case studies, examples, and best practices for leveraging GenAI to enhance team collaboration, optimize resource allocation, and make strategic decisions.

Addressing future trends and innovations, the book prepares project managers for the evolving IT project management landscape, emphasizing the importance of sustainable and ethical AI development. The guide concludes with an epilogue that reflects on the paradigm shifts in project management and the enduring role of human ingenuity in an AI-driven world. Complemented by appendices offering a glossary of terms, resources for further learning, and a directory of software and tools, this guide is a must-have for anyone looking to leverage GenAI to drive project success in the digital age.

Mastering DevOps: A Comprehensive Guide to Streamlining Software Development and Operations

" Mastering DevOps: A Comprehensive Guide to Streamlining Software Development and Operations " is your essential guide to navigating the dynamic landscape of modern software development and delivery. Whether you're a seasoned IT professional or just starting your journey, this concise yet comprehensive book equips you with the fundamental principles and practical insights needed to embrace the transformative power of DevOps.

Explore the core concepts of DevOps, from fostering a collaborative culture to implementing continuous integration and delivery (CI/CD) practices. Uncover the significance of automation, infrastructure as code (IaC), and the integration of security throughout the development lifecycle. Real-world examples and case studies provide practical applications, helping you overcome common challenges and optimize your software delivery processes.

As you progress through the book, gain a glimpse into the future of DevOps, examining emerging technologies and trends that will shape the IT landscape. Discover strategies for staying ahead of industry changes and fostering a culture of continuous improvement within your organization.

"Mastering DevOps: A Comprehensive Guide to Streamlining Software Development and Operations " is your go-to resource for mastering the essentials of DevOps and adapting to the demands of the digital era. Whether you're an IT professional, developer, or decision-maker, this book empowers you to streamline your software delivery, enhance collaboration, and embrace the agility needed to succeed in today's fast-paced technology landscape. Embark on your DevOps journey and unlock the key essentials for modern software development success.

Mastering NIST SP 800-53: A Small Business IT Professional's Roadmap to Compliance

"Mastering NIST SP 800-53: A Small Business IT Professional's Roadmap to Compliance" is an indispensable guide tailored specifically for IT professionals operating within the dynamic landscape of small businesses. Authored with a keen understanding of the unique challenges faced by smaller enterprises, this book serves as a comprehensive roadmap to demystify and master the intricacies of the NIST Special Publication 800-53 framework. It goes beyond the theoretical by providing practical insights and actionable steps for implementing and maintaining NIST SP 800-53 controls, offering a holistic approach to information security. With real-world examples, best practices, and a focus on accessibility, this book empowers small business IT professionals to navigate the compliance landscape confidently, fortify their organizations against cybersecurity threats, and elevate their overall security posture. "Mastering NIST SP 800-53" is not just a manual for compliance; it is an essential companion for IT professionals seeking to safeguard the digital assets of their small businesses effectively.

Implementing NIST Cybersecurity Framework 2.0: A Comprehensive Guide for IT Professionals in SMEs

"Implementing NIST Cybersecurity Framework 2.0" serves as an indispensable guide tailored for Information Technology (IT) professionals navigating the complex landscape of Small and Medium-sized Enterprises (SMEs). In this comprehensive handbook, readers will find a detailed roadmap to fortify their organization's cyber defenses using the latest iteration of the National Institute of Standards and Technology (NIST) Cybersecurity Framework.

This book demystifies the intricacies of cybersecurity implementation, offering practical insights and step-by-step instructions to align SMEs with the robust security measures outlined in the NIST Cybersecurity Framework 2.0. Authored by seasoned experts in the field, the guide provides a holistic approach to addressing the evolving cyber threats faced by SMEs.

Whether you are an IT professional, cybersecurity practitioner, or an SME decision-maker, "Implementing NIST Cybersecurity Framework 2.0" is your go-to resource for fortifying your organization's defenses in the digital age. Arm yourself with the knowledge and tools needed to proactively safeguard against cyber threats, making cybersecurity a cornerstone of your business resilience strategy.

www.ingramcontent.com/pod-product-compliance
Lightning Source LLC
Chambersburg PA
CBHW071033290526
45795CB00004B/1192